Klick! 4

Mathematik

Erarbeitet von
Silke Burkhart, Thüringen
Petra Franz, Thüringen
Christel Gerling, Nordrhein-Westfalen
Elisabeth Jenert, Hessen
Sonja Lange, Baden-Württemberg
Silvia Weisse, Sachsen

Unter Beratung von
Meike Busch, Niedersachsen
Isabel von Clanner-Kullik, Nordrhein-Westfalen
Dr. Maria Dukart, Baden-Württemberg
Astrid Franz, Sachsen
Siegfried van Kampen, Niedersachsen
Birgit Leuermann, Nordrhein-Westfalen
Stefanie Löhr, Bayern
Heidi Pihan, Thüringen
Gisbert Räuber, Rheinland-Pfalz
Stefanie Schade, Brandenburg
Margitta Sembdner, Sachsen
Kati Steinecke, Saarland
Birgit Tyziak, Brandenburg

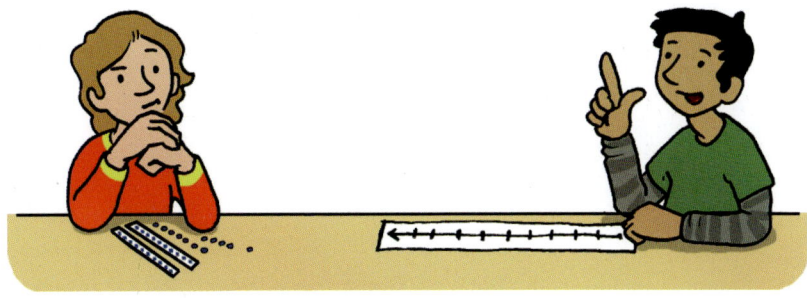

Inhaltsverzeichnis

Aufgabe mit erhöhtem Schwierigkeitsgrad

 Aufgabe zum Entdecken

 Lösungszahlen zur Selbstkontrolle, eine Zahl bleibt übrig

 Partnerarbeit

Gruppenarbeit

Zahlen bis 100

1 Erzähle und zähle.

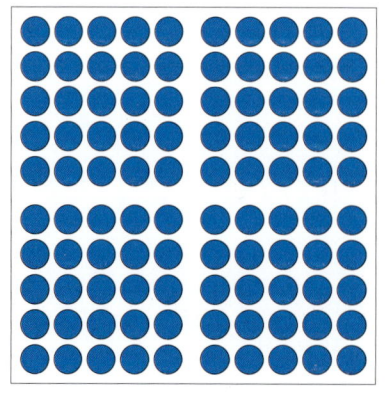

2 Zähle und zeige am Hunderterfeld.

1 Zählen im Zahlenraum bis 100
2 Zeigen der im Bild gezählten Mengen am Hunderterfeld

Bündeln

1 Bestimme Zehner und Einer.

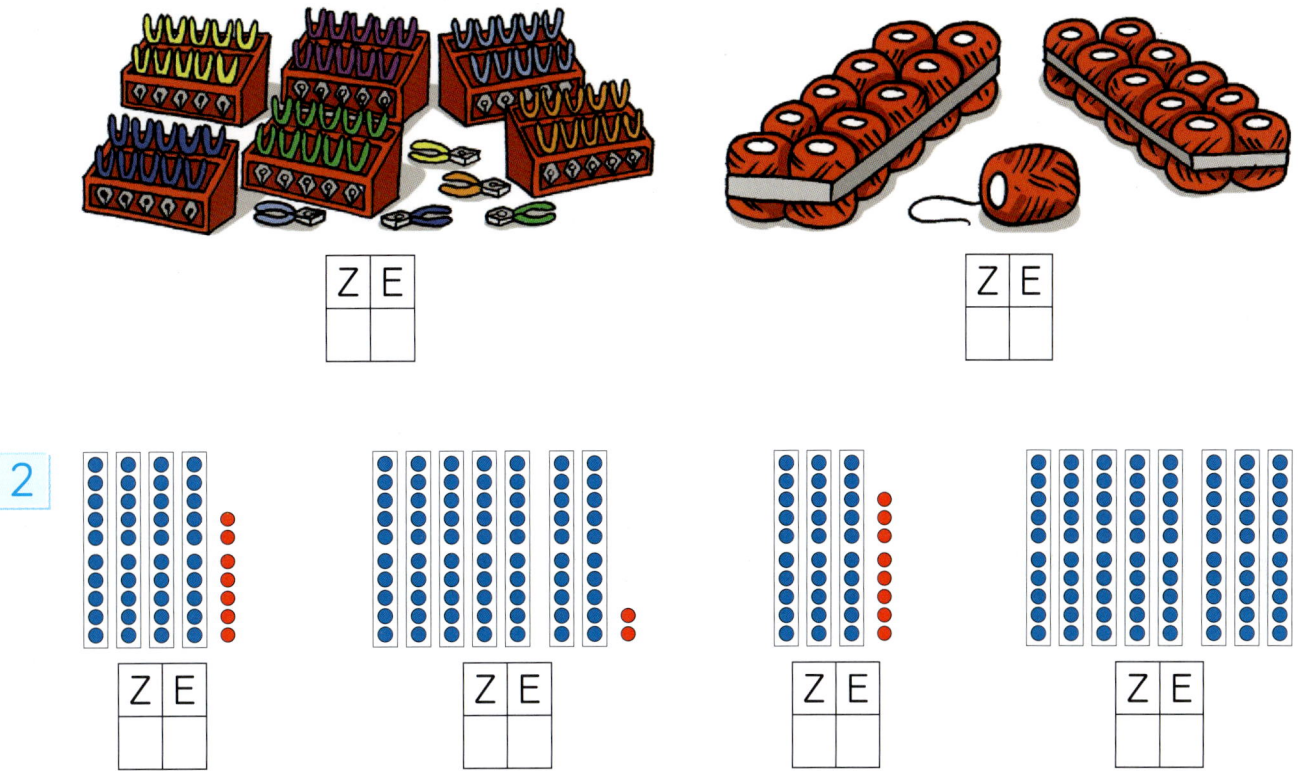

Z	E

Z	E

2

Z	E

Z	E

Z	E

Z	E

3 Was gehört zusammen?

	A	B	C	D
1	57		sechsundachtzig	7 Zehner
2	70		vierunddreißig	8 Zehner 6 Einer
3	34		siebzig	5 Zehner 7 Einer
4	86		siebenundfünfzig	3 Zehner 4 Einer

3 kann mündlich, schriftlich oder im Spiel erarbeitet werden

Zahlenstrahl und Nachbarzahlen

1 Nenne die Zahlen.

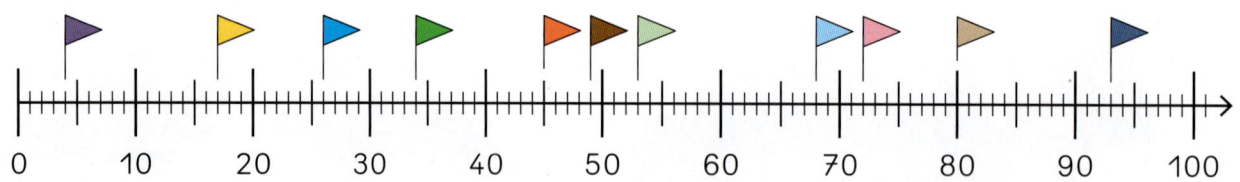

2 Zeige am Zahlenstrahl: 9, 12, 29, 31, 44, 57, 85, 91, 99

3 Welche Zahlen liegen zwischen

a) 19 und 34, b) 86 und 100, c) 75 und 59, d) 51 und 33?

4 Vorgänger und Nachfolger

a)

V		N
63		
91		
26		
59		

b)

V		N
	32	
20		
		46
78		

c)

V		N
92		
		1
27		
		100

5 Nenne die fehlenden Zahlen.

a) ☐ 51 ☐   b) ☐ ☐ 68 ☐   c) ☐ 36 ☐   d) 53 ☐ ☐ ☐

e) 34 ☐ ☐   f) ☐ ☐ 81   g) ☐ ☐ ☐ 72   h) ☐ ☐ 98 ☐

6 Nachbarzehner

a)

Nachbarzehner		Nachbarzehner
30	34	40
	82	
	58	

b)

Nachbarzehner		Nachbarzehner
	45	
	61	
	99	

Vergleichen und Ordnen

Vergleiche. >, < oder =?

1

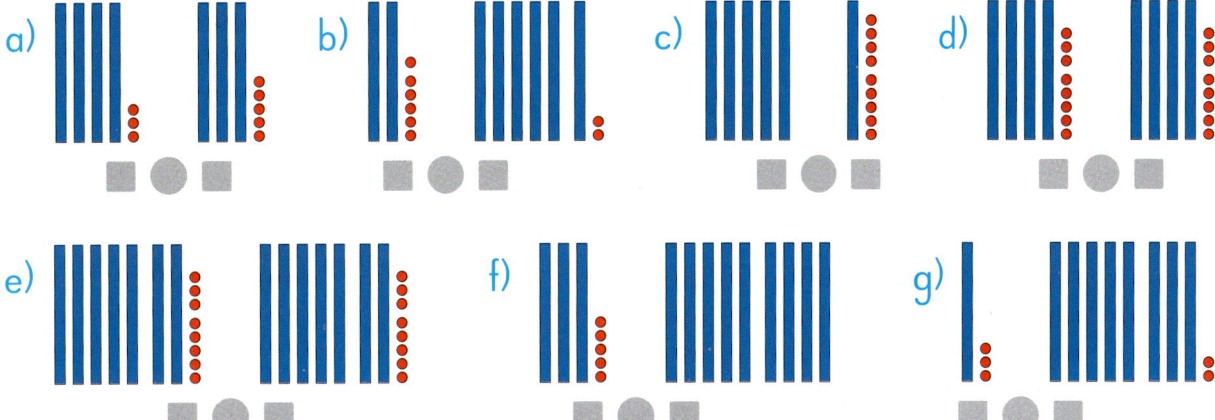

a) b) c) d)

e) f) g)

2

a) 89 ⬤ 73
36 ⬤ 54
92 ⬤ 2
18 ⬤ 45
100 ⬤ 62
41 ⬤ 43

b) 52 ⬤ 25
47 ⬤ 98
39 ⬤ 39
63 ⬤ 86
71 ⬤ 34
8 ⬤ 53

c) 49 ⬤ 82
16 ⬤ 61
73 ⬤ 44
57 ⬤ 75
22 ⬤ 22
85 ⬤ 36

d) 20 ⬤ 31
97 ⬤ 79
12 ⬤ 26
84 ⬤ 84
69 ⬤ 78
38 ⬤ 67

3 Ordne. Beginne mit der kleinsten Zahl.

a) 41, 28, 14, 35, 64, 89, 55   b) 26, 100, 76, 81, 12, 67, 99

4 Ordne. Beginne mit der größten Zahl.

a) 34, 89, 75, 31, 59, 62, 87   b) 28, 74, 91, 100, 38, 57, 84

5 Setze die Reihen fort. Was fällt dir auf?

a) 32, 42, 52, ..., 92   b) 89, 79, 69, ..., 19   c) 35, 40, 45, ..., 75

d) 21, 24, 27, ..., 39   e) 28, 26, 24, ..., 18   f) 31, 42, 53, ..., 97

Einer addieren

1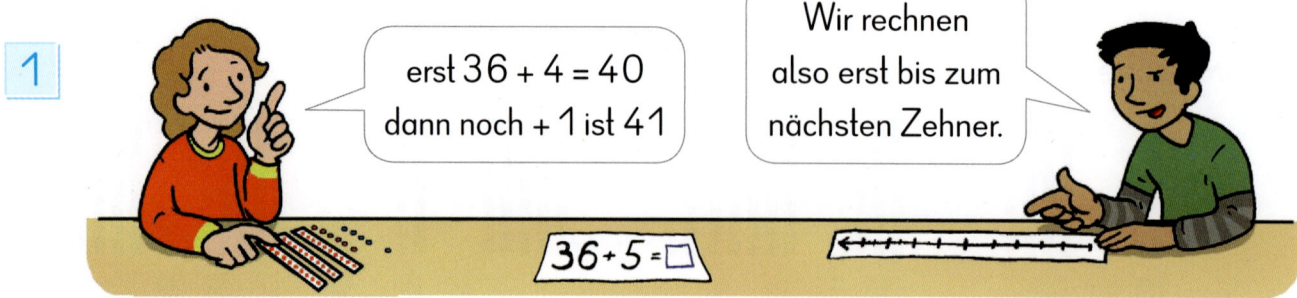

2

a) $57 + \underset{3 \quad 2}{5} = \blacksquare$

b) $33 + \underset{7 \quad \blacksquare}{8} = \blacksquare$

c) $46 + 7 = \blacksquare$

3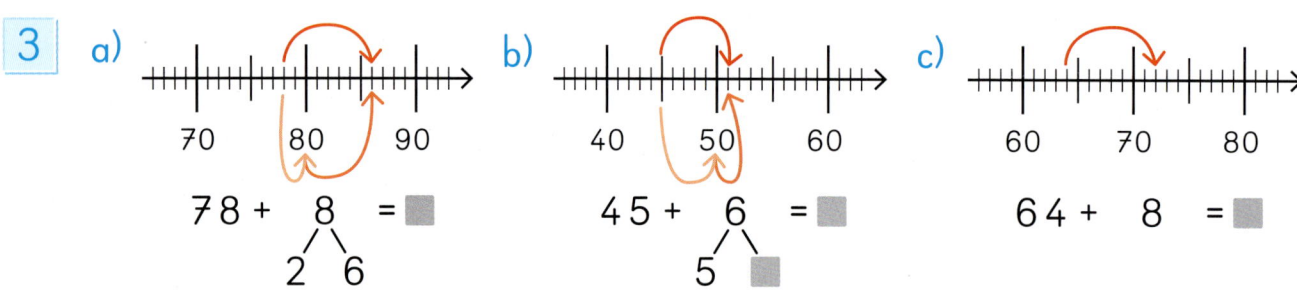

a) $78 + \underset{2 \quad 6}{8} = \blacksquare$

b) $45 + \underset{5 \quad \blacksquare}{6} = \blacksquare$

c) $64 + 8 = \blacksquare$

4

a)
$5 + 7$
$15 + 7$
$25 + 7$
$35 + 7$
$45 + 7$
$55 + 7$

b)
$28 + 9$
$58 + 9$
$8 + 9$
$78 + 9$
$48 + 9$
$88 + 9$

c)
$69 + 4$
$69 + 8$
$69 + 7$
$69 + 5$
$69 + 9$
$69 + 6$

d)
$87 + \blacksquare = 90$
⭐ $87 + \blacksquare = 91$
$87 + \blacksquare = 92$
$87 + \blacksquare = 93$
$87 + \blacksquare = 94$
$87 + \blacksquare = 95$

5

a)

+	5	7	9	6
67				
88				
43				
26				

b)

+	55	76	27	38
6				
9				
4				
8				

Einer subtrahieren

1

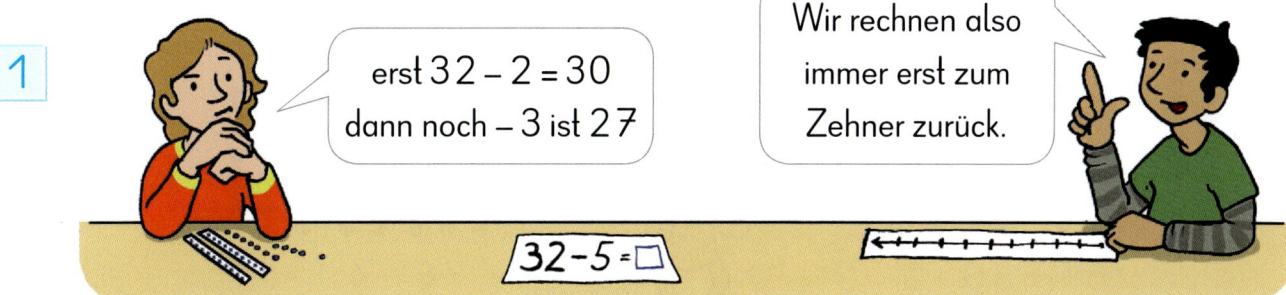

erst 32 – 2 = 30
dann noch – 3 ist 27

Wir rechnen also immer erst zum Zehner zurück.

32 – 5 = □

2 a)

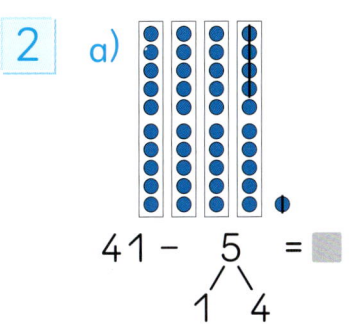

$41 - 5 = \blacksquare$
   / \
  1 4

b)

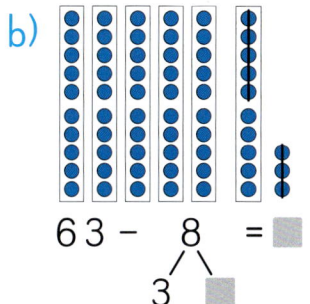

$63 - 8 = \blacksquare$
   / \
  3 $\blacksquare$

c)

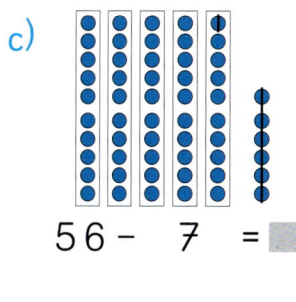

$56 - 7 = \blacksquare$

3 a)

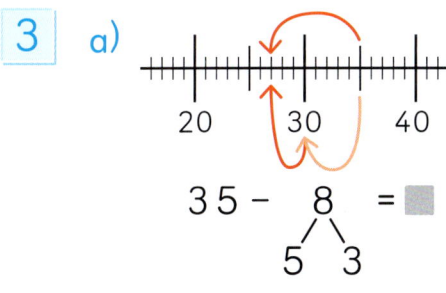

20   30   40

$35 - 8 = \blacksquare$
   / \
  5 3

b)

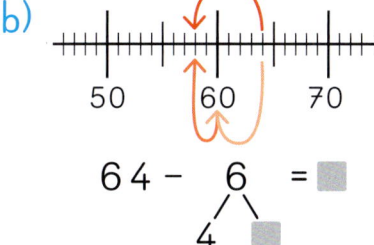

50   60   70

$64 - 6 = \blacksquare$
   / \
  4 $\blacksquare$

c)

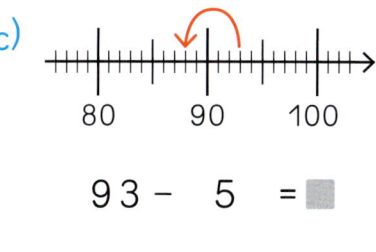

80   90   100

$93 - 5 = \blacksquare$

4

a)	b)	c)	d)
15 – 7	26 – 9	62 – 4	83 – $\blacksquare$ = 80
25 – 7	56 – 9	62 – 8	83 – $\blacksquare$ = 79
35 – 7	16 – 9	62 – 7	83 – $\blacksquare$ = 78
45 – 7	76 – 9	62 – 5	83 – $\blacksquare$ = 77
55 – 7	96 – 9	62 – 9	83 – $\blacksquare$ = 76
65 – 7	46 – 9	62 – 6	83 – $\blacksquare$ = 75

5 a)

b)

c)

6 Ömer hat den Ball 32 Meter weit geworfen.
Ole hat 8 Meter weniger geworfen. Wie weit hat Ole geworfen?

Zehner addieren und subtrahieren

1

$54 + 30 = \blacksquare$ Das kann ich schon! $78 - 40 = \blacksquare$

2
a) $56 + 20$
$38 + 40$
$44 + 50$
$27 + 30$

b) $37 - 20$
$64 - 30$
$96 - 50$
$72 - 40$

c) $54 + \blacksquare = 84$
⭐ $63 + \blacksquare = 93$
$51 + \blacksquare = 71$
$24 + \blacksquare = 64$

d) $47 - \blacksquare = 27$
⭐ $66 - \blacksquare = 36$
$78 - \blacksquare = 28$
$95 - \blacksquare = 45$

3 ⭐

a)

+	20		40	30
28				
47		57		
				61

b)

–	40	20	10	
63				
		76		
59				29

4
a) $64 + 10 + 20$
$19 + 40 + 10$
$27 + 20 + 40$
$35 + 50 + 10$

b) $82 - 20 - 10$
$58 - 10 - 30$
$76 - 40 - 20$
$95 - 20 - 50$

c) $56 + 30 + \blacksquare = 96$
⭐ $31 + 20 + \blacksquare = 71$
$73 - 10 - \blacksquare = 43$
$94 - 40 - \blacksquare = 14$

5 Setze + oder – ein.

a) $44 \bullet 20 = 64$
$52 \bullet 30 = 22$

b) $78 \bullet 10 = 88$
$39 \bullet 20 = 19$

c) $65 \bullet 30 = 35$
$65 \bullet 30 = 95$

6
a)
```
[    ]
25  50
```

b)
```
  86
46  [ ]
```

c)
```
  58
[ ]  20
```

d)
```
  91
[ ]  [ ]
```

Zweistellige Zahlen addieren und subtrahieren

1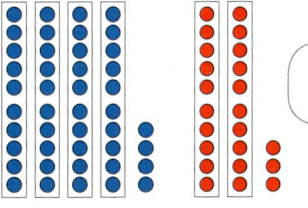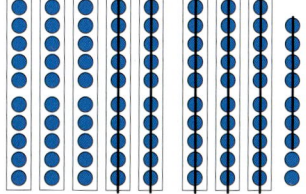

$$44 + 23 = \blacksquare$$
$$44 + 20 = 64$$
$$64 + 3 = 67$$

Das kann ich auch schon!

$$89 - 57 = \blacksquare$$
$$89 - 50 = 39$$
$$39 - 7 = 32$$

2 a) $14 + 35$ b) $54 + 34$ c) $22 + \blacksquare = 44$ d) $61 + 38 = \blacksquare$

    $24 + 35$ $61 + 18$ ⭐ $45 + \blacksquare = 79$ ⭐ $33 + \blacksquare = 66$

    $34 + 35$ $53 + 24$ $63 + \blacksquare = 89$ $21 + 66 = \blacksquare$

    $44 + 35$ $42 + 41$ $36 + \blacksquare = 98$ $53 + \blacksquare = 77$

    $54 + 35$ $25 + 61$ $54 + \blacksquare = 67$ $18 + 71 = \blacksquare$

3 a) $98 - 27$ b) $54 - 32$ c) $82 - \blacksquare = 41$ d) $84 - 32 = \blacksquare$

    $88 - 27$ $78 - 44$ ⭐ $45 - \blacksquare = 13$ ⭐ $33 - \blacksquare = 11$

    $78 - 27$ $69 - 35$ $63 - \blacksquare = 32$ $77 - 24 = \blacksquare$

4 ⭐ a)

+	24	13		32
51				
35			76	
	67			

b)

–	12	24		43
59			28	
		41		
98				

5 Setze + oder – ein.

a) $56 \, \bullet \, 33 = 89$ b) $49 \, \bullet \, 27 = 22$ c) $76 \, \bullet \, 21 = 97$

    $38 \, \bullet \, 15 = 23$ $84 \, \bullet \, 41 = 43$ $76 \, \bullet \, 21 = 55$

Zweistellige Zahlen addieren mit Zehnerübergang

1

$$56 + 18 = \blacksquare$$

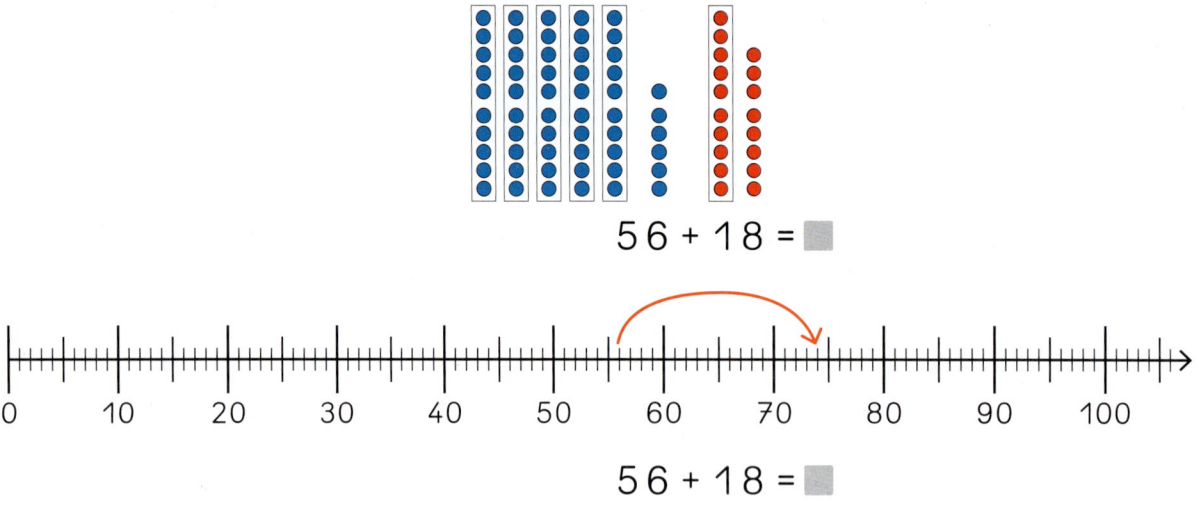

$$56 + 18 = \blacksquare$$

2 Versuche verschiedene Rechenwege.
Schreibe alle deine Aufgaben auf.

3 Wie rechnest du?

38 + 26   55 + 37   66 + 18   47 + 45   79 + 13   34 + 59

Rechenkonferenz

$58 + 37 = \square$

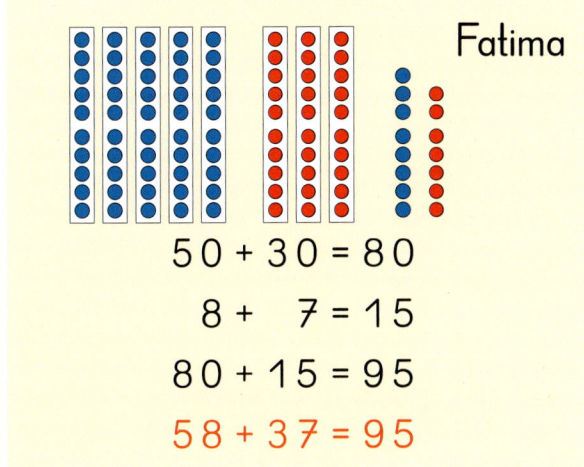

Fatima

$50 + 30 = 80$

$8 + 7 = 15$

$80 + 15 = 95$

$58 + 37 = 95$

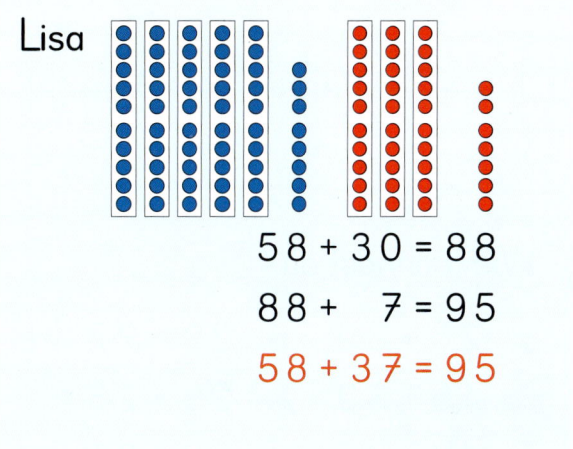

Lisa

$58 + 30 = 88$

$88 + 7 = 95$

$58 + 37 = 95$

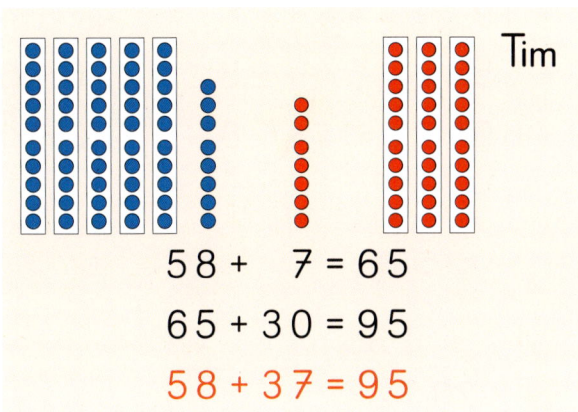

Tim

$58 + 7 = 65$

$65 + 30 = 95$

$58 + 37 = 95$

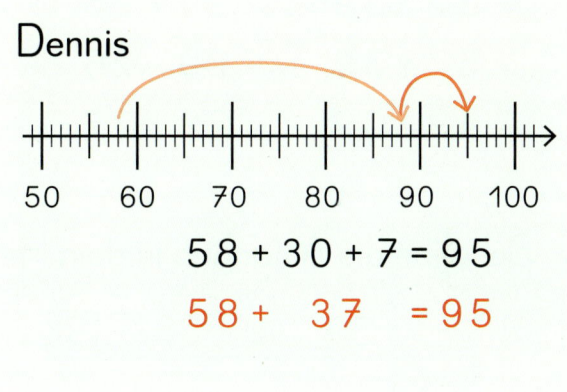

Dennis

$58 + 30 + 7 = 95$

$58 + 37 = 95$

1 Versuche verschiedene Rechenwege.

a) $26 + 37$ b) $32 + 59$ c) $53 + 28$ d) $66 + 27$ e) $75 + 17$

     $14 + 69$ $47 + 26$ $35 + 17$ $49 + 48$ $28 + 46$

⚷ 52   63   73   74   81   83   84   91   92   93   97

2 Wie rechnest du?

a) $68 + 23$ b) $73 + 19$ c) $49 + 45$ d) $29 + 23$ e) $57 + 24$

     $18 + 64$ $55 + 38$ $26 + 58$ $66 + 17$ $39 + 17$

⚷ 51   52   56   81   82   83   84   91   92   93   94

Rechenvorteile

1

Ich kenne einen Trick:
Ich rechne bei 34 + 29
34 + 30 − 1 = 63

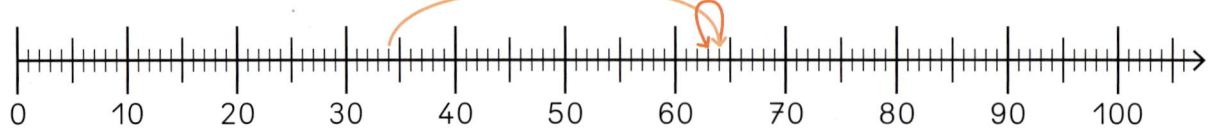

2 Wie rechnest du?

a)	b)	c)	d)	e)
26 + 39	29 + 22	19 + 23	14 + 28	56 + 29
45 + 39	29 + 23	47 + 19	24 + 28	73 + 18
18 + 39	29 + 24	19 + 36	34 + 28	35 + 39
32 + 39	29 + 25	18 + 19	44 + 28	47 + 47
57 + 39	29 + 26	19 + 55	54 + 28	26 + 58
49 + 39	29 + 27	19 + 69	64 + 28	63 + 15

3 Schreibe die Aufgaben in dein Heft.

a)

+	29	19	39	49
34				
17				
46				
25				

b) ⭐

+	35		48	
29				
39				53
19		42		
49				

4 Finde die Tauschaufgaben.

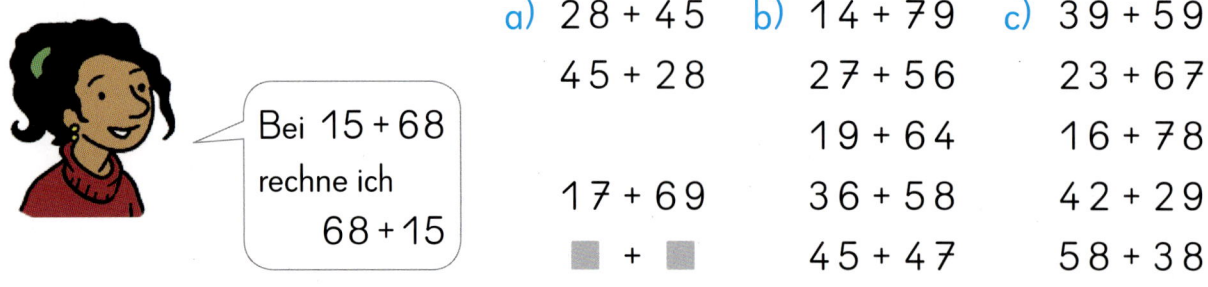

Bei 15 + 68
rechne ich
68 + 15

a)	b)	c)
28 + 45	14 + 79	39 + 59
45 + 28	27 + 56	23 + 67
	19 + 64	16 + 78
17 + 69	36 + 58	42 + 29
▪ + ▪	45 + 47	58 + 38

Üben

1 Wie viele Plusaufgaben findest du?

a)
15		28

15 + 28 = 43
37 + 49 = ☐
28 + ☐ = ☐
☐ + ☐ = ☐

37		49

b)
35	48
26	19

c)
57	27
35	24

d)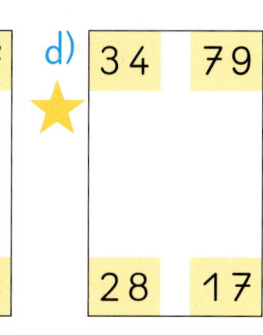
34	79
28	17

2 Rechendreiecke

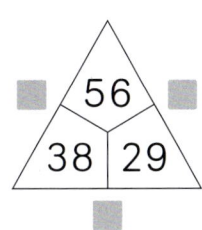

56 + 29 = ☐
29 + 38 = ☐
38 + 56 = ☐

29 + 56 = ☐
56 + 38 = ☐
38 + 29 = ☐

Ich finde diese Aufgaben und schreibe sie in mein Heft.

Ich finde diese Aufgaben.

3 Schreibe die Aufgaben in dein Heft.

a)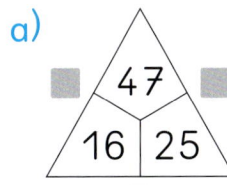

b)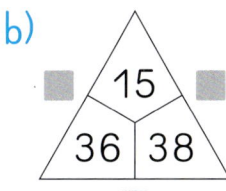

c)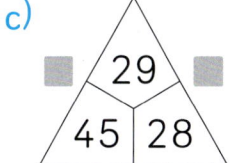

d)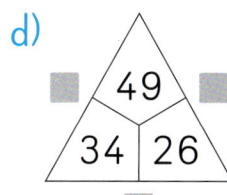

e)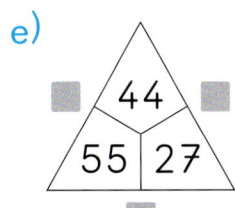

f)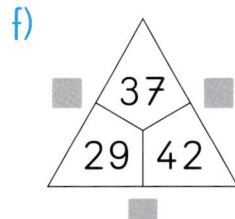

g)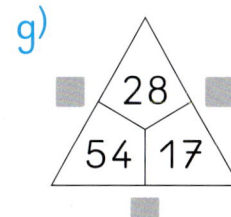

h)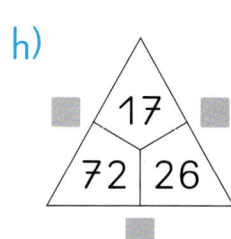

4 Mutter kauft für Lisa einen Pullover für 26 Euro.
Für Lena kauft sie eine Hose für 39 Euro.
Wie viel bezahlt sie?

Zweistellige Zahlen subtrahieren mit Zehnerübergang

1

$$64 - 16 = \blacksquare$$

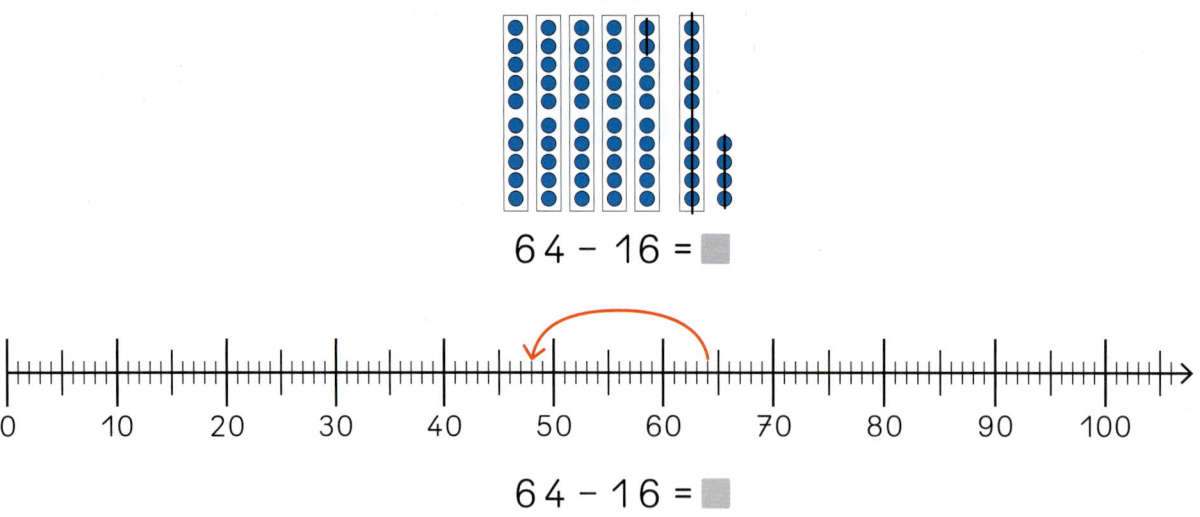

$$64 - 16 = \blacksquare$$

2 Versuche verschiedene Rechenwege.
Schreibe alle deine Aufgaben auf.

3 Wie rechnest du?

56 − 28   64 − 46   93 − 58   75 − 39   42 − 25   81 − 63

Rechenkonferenz

$$85 - 37 = \square$$

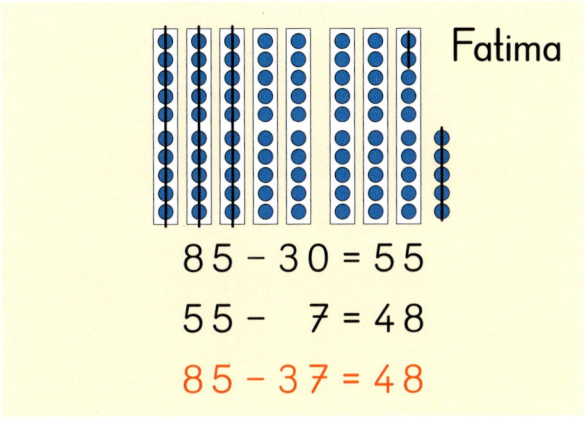

Fatima

$$85 - 30 = 55$$
$$55 - 7 = 48$$
$$85 - 37 = 48$$

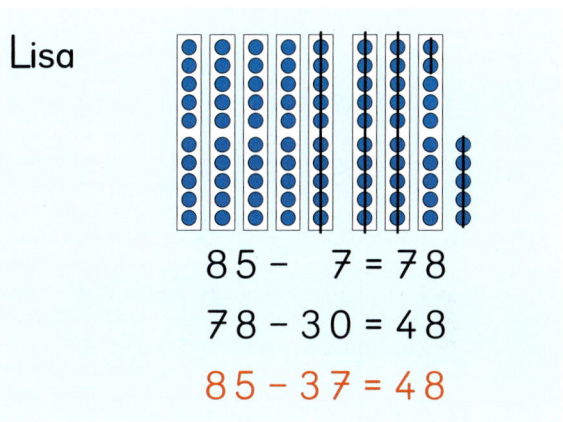

Lisa

$$85 - 7 = 78$$
$$78 - 30 = 48$$
$$85 - 37 = 48$$

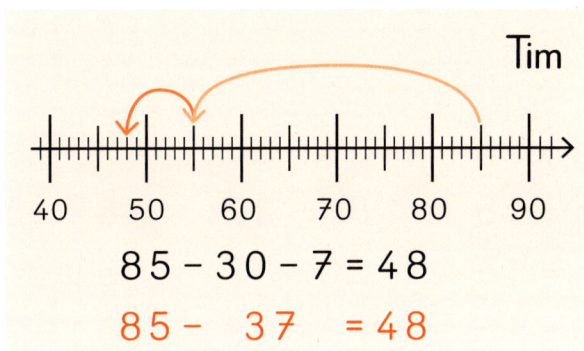

Tim

$$85 - 30 - 7 = 48$$
$$85 - 37 = 48$$

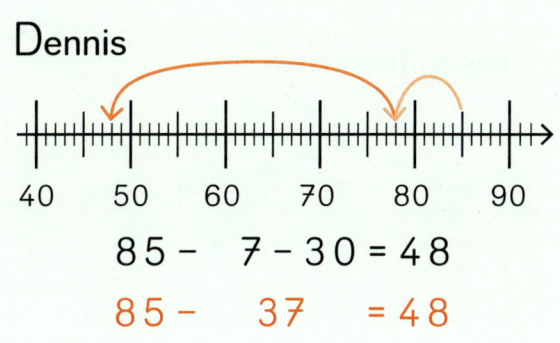

Dennis

$$85 - 7 - 30 = 48$$
$$85 - 37 = 48$$

1 Versuche verschiedene Rechenwege.

🔍 a) $56 - 28$ b) $72 - 47$ c) $54 - 19$ d) $62 - 16$ e) $95 - 27$

       $83 - 46$ $91 - 53$ $82 - 56$ $47 - 18$ $76 - 58$

🔑 18   25   26   28   29   35   37   38   45   46   68

2 Wie rechnest du?

🔍 a) $94 - 56$ b) $71 - 19$ c) $47 - 28$ d) $53 - 25$ e) $43 - 14$

       $63 - 36$ $55 - 37$ $72 - 49$ $86 - 17$ $65 - 48$

🔑 17   18   19   23   27   28   29   38   49   52   69

Rechenvorteile

1

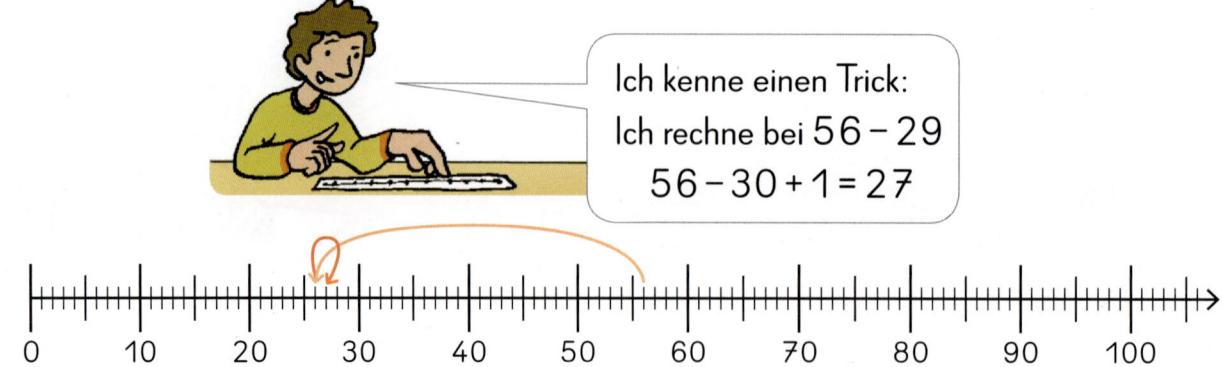

Ich kenne einen Trick:
Ich rechne bei 56 − 29
56 − 30 + 1 = 27

2 Wie rechnest du?

a)	b)	c)	d)	e)
56 − 19	87 − 29	94 − 69	61 − 19	84 − 67
45 − 19	87 − 49	52 − 19	45 − 39	35 − 18
98 − 19	87 − 39	76 − 49	96 − 69	55 − 28
72 − 19	87 − 19	83 − 59	81 − 29	77 − 38
67 − 19	87 − 59	65 − 39	55 − 49	49 − 26

3 Was fällt dir auf?

a)	b)	c)	d)	e)
62 − 13	71 − 29	95 − 18	54 − 37	35 − 28
62 − 14	71 − 28	85 − 18	81 − 37	87 − 59
62 − 15	71 − 27	75 − 18	96 − 37	63 − 47
62 − 16	71 − 26	65 − 18	73 − 37	91 − 73

4

a)
```
  | 73 |
| 47 |    |
```

b)
```
  | 66 |
| 28 |    |
```

c)
```
  | 92 |
|    | 65 |
```

d)
```
  | 84 |
|    |    |
```

5 ⭐

a)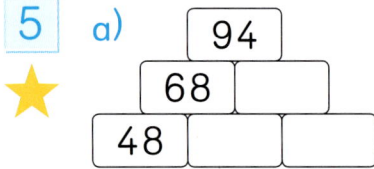

b)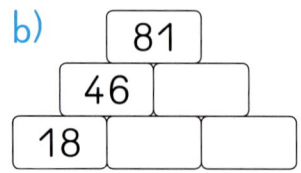

c)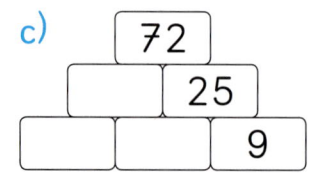

6 Beim Sportfest wirft Tim den Ball 45 Meter weit.
Dennis schafft 16 Meter weniger. Wie weit wirft Dennis seinen Ball?

Üben

1 Bilde Aufgaben.

a) 82: -57, -46, -63, -79, -25

b) 91: -42, -15, -67, -36, -24

c) 74: -29, -46, -32, -38, -47

🔍 d) Bilde eigene Aufgaben.

2 a)

–	27	59	18	36
83				
59				
72				
64				
91				

b) ⭐

–	19	26		47
47				
85				
		45		
52				
93			55	

3 Im Schulbus sitzen 52 Kinder.
An der nächsten Haltestelle steigen 27 Kinder aus.
Wie viele Kinder sitzen noch im Bus?

4 Bilde Aufgaben und löse sie im Heft.

a) -29: 63, 75, 46, 85, 54, 97

b) 🔍 -13: 61, 71, 51, 41, 81, 31

c) -36: 73, 52, 55, 64, 94, 81

1 Finde die Umkehraufgaben.

a) $28 + 36 = $ ▢
   $64 - 36 = $ ▢
   $37 + 29 = $ ▢
   ▢ $-$ ▢ $= $ ▢

b) $45 + 47 = $ ▢
   ▢ $-$ ▢ $= $ ▢
   $56 + 28 = $ ▢
   ▢ $-$ ▢ $= $ ▢

c) $74 - 17 = $ ▢
   ▢ $+$ ▢ $= $ ▢
   $47 - 19 = $ ▢
   ▢ $+$ ▢ $= $ ▢

d) $85 - 26 = $ ▢
   ▢ $+$ ▢ $= $ ▢
   $72 - 35 = $ ▢
   ▢ $+$ ▢ $= $ ▢

2
a) ▢ $+ 26 = $ ▢
   $74 - $ ▢ $= $ ▢

b) ▢ $+ 34 = 72$
   ▢ $-$ ▢ $= $ ▢

c) ▢ $+ 44 = 63$
   ▢ $-$ ▢ $= $ ▢

d) ▢ $+ 29 = 86$
   ▢ $-$ ▢ $= $ ▢

3
★

a)  Ich denke mir die Zahl 32 und addiere 20. Welche Zahl erhalte ich?

b) Ich denke mir die Zahl 77 und subtrahiere 6. Welche Zahl erhalte ich?

> Wenn ich plus rechne, **addiere** ich.
>
> Wenn ich minus rechne, **subtrahiere** ich.

c) Murat sagt: „Ich denke mir die Zahl 33 und addiere 32. Welche Zahl erhalte ich?"

d) Lena sagt: „Ich denke mir die Zahl 66 und subtrahiere 25. Welche Zahl erhalte ich?"

e) Finde selbst Aufgaben und stelle sie deinem Partner.

4 Aufgabenfamilien

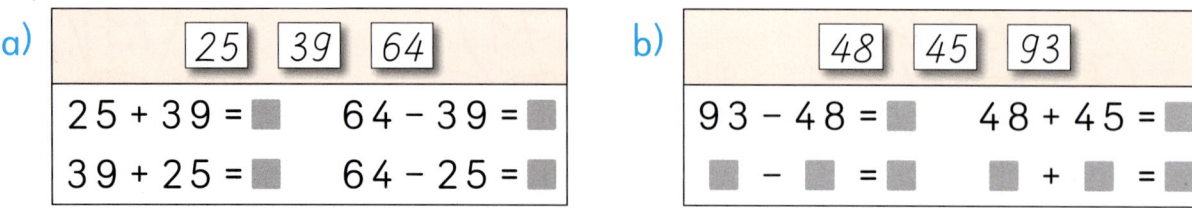

a) | 25 | 39 | 64 |

   $25 + 39 = $ ▢ $64 - 39 = $ ▢
   $39 + 25 = $ ▢ $64 - 25 = $ ▢

b) | 48 | 45 | 93 |

   $93 - 48 = $ ▢ $48 + 45 = $ ▢
   ▢ $-$ ▢ $= $ ▢   ▢ $+$ ▢ $= $ ▢

c) | 37 | 46 | 83 |

d) | 66 | 25 | 91 |

e) | 18 | 44 | 62 |

1 Paul und sein Bruder Jonas brauchen neue Sportsachen.
Paul bekommt Sportschuhe für 35 Euro, eine Sporthose für 28 Euro
und eine Sporttasche für 15 Euro.
Für Jonas kauft die Mutter Sportschuhe für 29 Euro,
eine Hose für 18 Euro und ein T-Shirt für 12 Euro.

a) Wie viel kosten die Sportsachen für Paul?

b) Wie teuer sind die Sportsachen für Jonas?

c) Wie viel bezahlt die Mutter für die Sporthosen?

d) Was würdest du dir für 50 Euro gerne kaufen?

2 Rechne und vergleiche. >, < oder =?

a) $16 + 57 \bigcirc 75$

$56 - 37 \bigcirc 18$

$26 \bigcirc 85 - 59$

$63 \bigcirc 29 + 34$

$78 - 69 \bigcirc 21$

$44 + 54 \bigcirc 100$

b) $25 + 37 \bigcirc 18 + 46$

$53 + 29 \bigcirc 46 + 36$

$38 + 18 \bigcirc 24 + 27$

$72 - 33 \bigcirc 75 - 36$

$94 - 57 \bigcirc 58 - 29$

$65 - 26 \bigcirc 81 - 48$

3 Schreibe die Aufgaben in dein Heft.

a)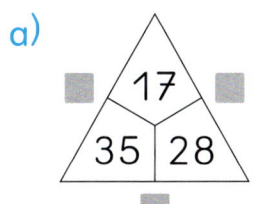

b)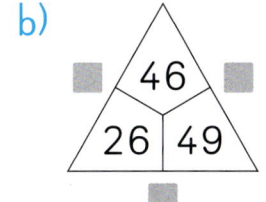

c)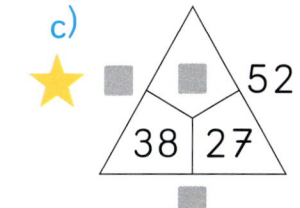

d)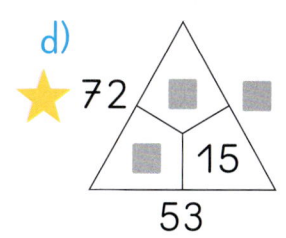

1
a)
85 − 68
37 + 36
49 + 24
36 + 59
82 − 56
93 − 67

b)
75 − 58
71 − 45
63 − 29
61 − 44
34 + 39
49 + 35

c)
55 + 29
78 + 17
81 − 47
47 + 48
17 + 67
53 − 36

d)
95 + ■ = 100
⭐ 66 + ■ = 100
83 + ■ = 100
67 + ■ = 100
74 + ■ = 100
18 + ■ = 100

2
a)
[   ]
| 63 | 19 |

b)
[85]
| 47 | |

c)
[71]
| | 17 |

d)
[55]
| | |

3
a)
[   ]
| | |
| 15 | 27 | 14 |

b)
[95]
| | 58 | |
| 27 | | |

c)
[84]
| | | 61 |
| | 12 | |

4 Was fällt dir auf?

a)
42 + 24
36 + 63
23 + 32
51 + 15

b)
86 − 68
95 − 59
74 − 47
81 − 18

c)
61 + 16
61 − 16
71 + 17
71 − 17

d)
53 + 35
53 − 35
32 + 23
32 − 23

e)
92 − ■
34 + ■
75 − ■
62 + ■

f) Finde weitere Aufgaben und löse sie.

5 Finde möglichst viele Aufgaben, die du rechnen kannst.

a)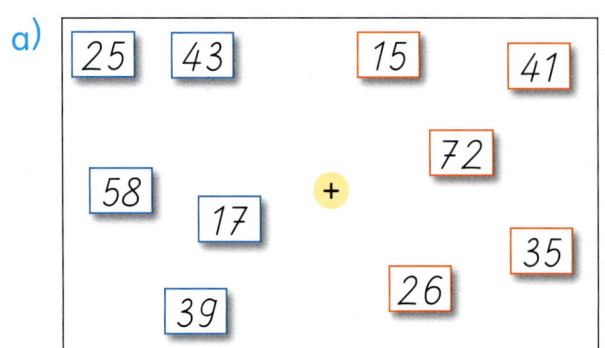

b)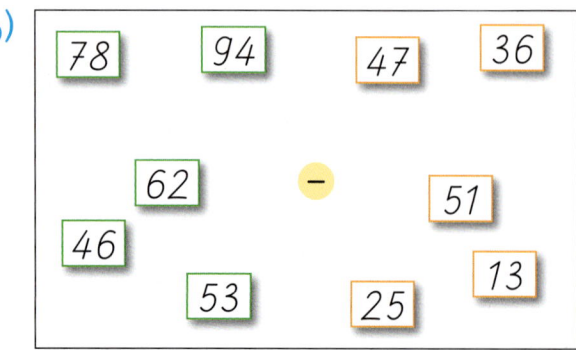

5b auf nicht lösbare Aufgaben hinweisen

1 Rechne geschickt.

a) 35 + 7 + 6   b) 73 − 9 − 2   c) 42 + 16 + 21   d) 46 + 17 + ■ = 85

   78 + 5 + 3   48 − 6 − 4   34 + 24 + 28 ⭐ 22 + 33 + ■ = 99

   57 + 2 + 9   91 − 5 − 7   19 + 36 + 25   38 + 26 + ■ = 82

   86 + 6 + 6   67 − 8 − 8   78 − 56 − 19   83 − 45 − ■ = 27

   24 + 8 + 2   32 − 7 − 1   94 − 49 − 37   69 − 14 − ■ = 18

   69 + 4 + 8   85 − 4 − 9   86 − 27 − 36   71 − 28 − ■ = 34

2 Subtrahiere von 87 zuerst 23 und dann noch 34. Welche Zahl erhältst du?

3 Lukas ist 16 Jahre alt. Sein Bruder ist 17 Jahre alt und seine Schwester ist 11 Jahre alt. Der Vater ist so alt wie alle drei Kinder zusammen.
Wie alt ist der Vater?

4 „Magische" Dreiecke

⭐ a)

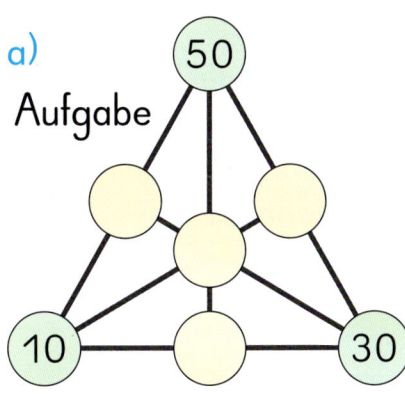

Aufgabe

10 + 50 = 60
50 + 30 = 80
30 + 10 = 40
10 + 80 = ■
50 + 40 = ■
30 + 60 = ■

Lösung

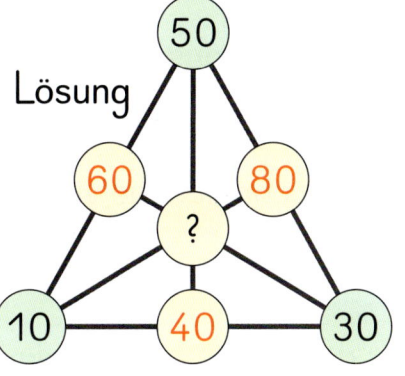

b)

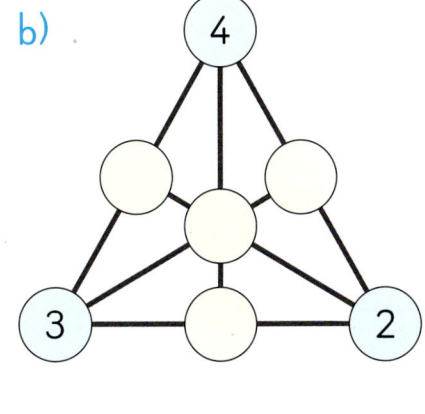

c)

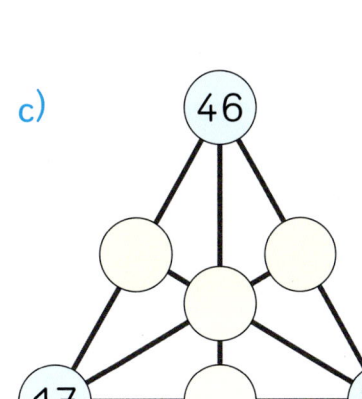

d)

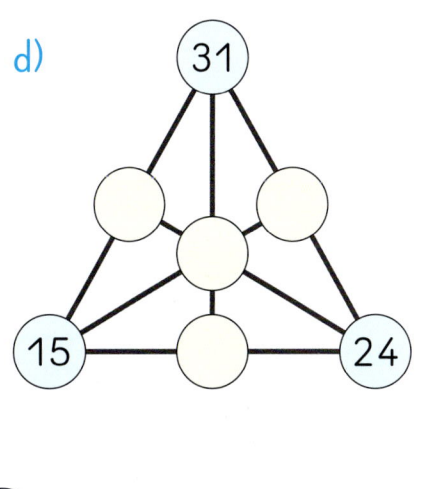

Formen: Rechteck – Quadrat – Dreieck – Kreis

1   a) Welche Form hat vier Seiten und vier Ecken?

      b) Welche Form hat vier gleich lange Seiten und vier Ecken?

      c) Welche Form ist rund?

      d) Welche Form hat drei Ecken und drei Seiten?

2   a) Falte aus Notizzetteln ein Rechteck, ein Quadrat, ein Dreieck. Zeichne einen Kreis mit einer Schablone auf.

      b) Schneide die vier Formen aus und klebe sie in dein Geoheft.

      c) Vergleiche die Formen: Was ist gleich, was nicht?

      d) Schreibe die Merkmale zu jeder Form.

3   a) Suche Bilder von Formen.

      b) Zeichne diese Tabelle in dein Geoheft. Benutze dein Lineal. Klebe die Bilder passend ein oder schreibe in die Tabelle.

Rechteck	Quadrat	Dreieck	Kreis
			CD

Geobrett

1 a) Spanne verschiedene Quadrate, Rechtecke, Dreiecke.

🔍 b) Wie kannst du Flächen verändern?

2
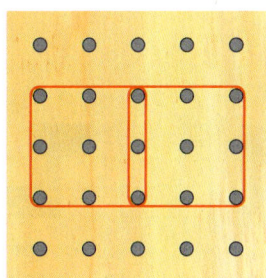
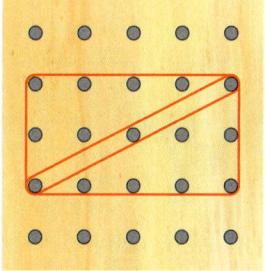

a) Spanne die erste Figur. Verändere sie so, dass die anderen entstehen.

b) Erfinde eigene Figuren und verändere sie.

3 a) Fülle ein großes Quadrat mit Rechtecken aus.

b) Fülle ein großes Quadrat mit Dreiecken aus.

🔍 c) Finde Figuren. Verbinde sie. Fülle sie mit weiteren Figuren.

4 Welche geometrische Form kann fliegen? Spanne diese Form.

Muster

1 Flaggen

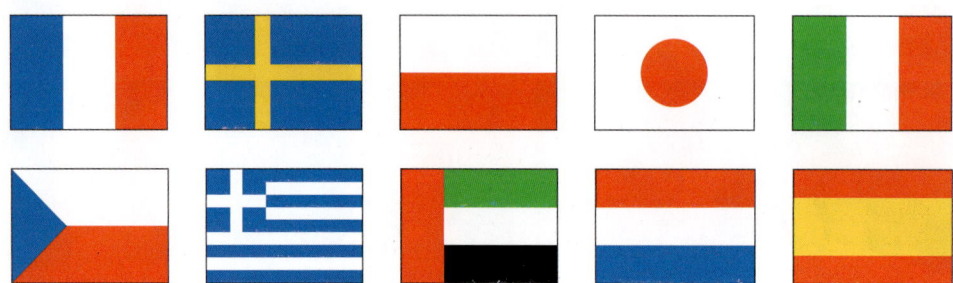

a) Welche Flagge gehört zu deinem Land?
   Zeichne sie farbig auf Kästchenpapier und klebe sie in dein Geoheft.

b) Welche Flagge gehört zu welchem Land?

Zeichne sie, klebe sie dann in dein Geoheft und schreibe das Land dazu.

c) Welche Formen findest du in den Flaggen?

d) Wie viele solcher ⊟ Flaggen kannst du aus 3 Farben bilden?

e) Denke dir eine Flagge für dich aus und zeichne sie.

2 Pentominos

Pentominos sind immer aus 5 Quadraten gebildet. Diese müssen sich wenigstens an einer Seite mit der ganzen Kante berühren.

a) Falte und schneide Quadrate aus Notizzetteln.

b) Klebe die Quadrate zu Pentominos zusammen.

c) Setzt mit euren Pentominos Muster zusammen. Es soll keine Lücke bleiben. Versucht es zuerst mit gleichen und dann mit verschiedenen Pentominos.

d) Zeichne das schönste Muster in dein Geoheft ab.

2 Pentomino: abgeleitet vom griechischen *pente* = fünf

1   Muster in der Kunst

Maurits Cornelis Escher: Symmetry Drawing E18

a) Zeichne so ein Bild auf Kästchenpapier. Nimm zwei Lieblingsfarben.

b) Gib deinem Bild einen Namen.

c) Schneide es aus und klebe es in dein Geoheft.

2   Faltet viele Origami-Vögel und gestaltet damit ein Bild.

a) 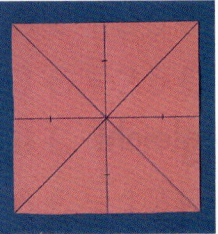   b)    c) 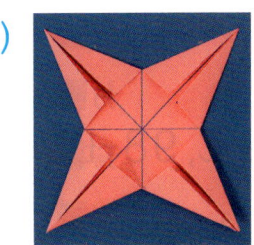   d)

e)

f)

1 Wie viel musst du bezahlen?

a)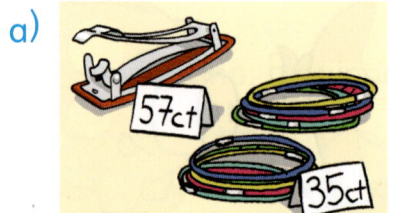

b)

c)

d)

e)

f)

2 Wie viel Geld bleibt übrig?

a)

b)

c)

d)

e)

f)

3 Wie viel Geld fehlt noch?

a)

b)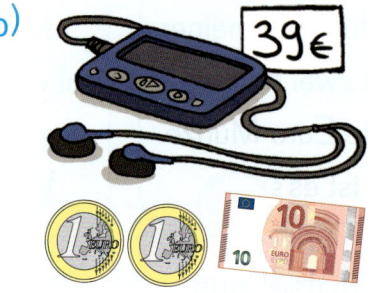

c)

Sachaufgaben

1 Paul hat 63 €. Er kauft eine Dartscheibe und Pfeile.

   a) Wie viel muss er bezahlen?   b) Wie viel Geld bleibt übrig?

2 Lisa kauft einen Fahrradhelm und einen Tennisschläger.
   Sie bezahlt mit einem 100-€-Schein.

   a) Wie viel muss sie bezahlen?   b) Wie viel Geld bekommt sie zurück?

3 Fatima kauft Flossen und eine Taucherbrille.

   a) Wie viel muss sie bezahlen?   b) Sie hat 42 €.

   c) Fatima möchte sich gerne auch noch die Sporttasche kaufen.
      Wie viel Geld muss sie noch sparen?

4 Ömer möchte sich Eishockeyschuhe, einen Schläger und einen Helm kaufen.

   a) Wie viel müsste er bezahlen?   b) Ömer hat 77 €.
                                        Was kann er sich kaufen?

   c) Ömer kauft den Helm und den Schläger. Wie viel bezahlt er?

   d) Wie viel Geld behält er übrig?

   e) Wie viel Geld muss er noch für die Eishockeyschuhe sparen?

5 Denkt euch eigene Einkaufsgeschichten aus.

Euro und Cent

Anna

7 Euro und 50 Cent

7 Euro 50

Mira

7 € 50 ct

7,50 €

Anna schreibt ohne Komma.

Mira schreibt mit Komma.

Vor dem Komma stehen die Euro, hinter dem Komma stehen die Cent.

1 Bestimme die Beträge. Schreibe wie Anna und Mira. Sprich dazu.

a)

☐ € ☐ ct
☐ , ☐ €

b)

☐ € ☐ ct
☐ , ☐ €

c)

☐ € ☐ ct
☐ , ☐ €

d)

e)

f)

2 Legt und sprecht.

a) 3 € 40 ct	b) 20,70 €	c) 26 € 60 ct	d) 4 € 10 ct	e) 47 € 20 ct
9 € 80 ct	81,30 €	12,50 €	0,90 €	57,60 €

3 Schreibe wie Mira. | 18 € 20 ct = 18,20 €

a) 18 € 20 ct	b) 56 € 50 ct	c) 1 € 30 ct	d) 84 € 50 ct	e) 89 ct
5 € 40 ct	94 € 60 ct	39 € 10 ct	43 € 90 ct	⭐ 4 € 3 ct

4 Schreibe wie Anna. | 12,60 € = 12 € 60 ct

a) 12,60 €	b) 44,80 €	c) 9,10 €	d) 36,20 €	e) 0,74 €
0,40 €	7,30 €	73,90 €	65,50 €	⭐ 3,08 €

1 Ordne. Beginne mit dem kleinsten Betrag.

2 Ordne. Beginne mit dem größten Betrag.

3 Ordne. Beginne mit dem kleinsten Betrag.

79,46 €   85,69 €   85,21 €   89,31 €   91,17 €

4 Ordne. Beginne mit dem größten Betrag.

8 € 68 ct   44 € 30 ct   43 € 40 ct   7 € 99 ct   56 € 11 ct

5 Welche Münzen und Scheine sind es?

5,40 €   30,20 €   52,40 €

6 Hier stimmt etwas nicht. Ordne die Preise richtig zu.

Spiegelfiguren

1 Finde die fehlende Hälfte. Nutze einen Spiegel.

2 Spiegelachsen

a) Suche in jedem Bild eine Spiegelachse.

  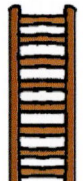 

b) Welche Figur hat eine, zwei, vier und sechs Spiegelachsen?

3 Spiegle so, dass diese Bilder entstehen.

a)   b)   c)

1 Spanne diese Figuren und ihre Spiegelbilder am Geobrett.

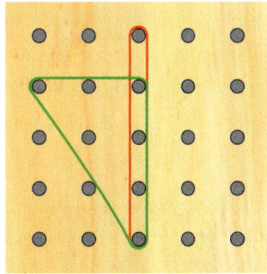 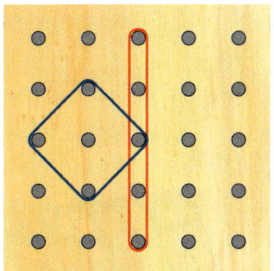 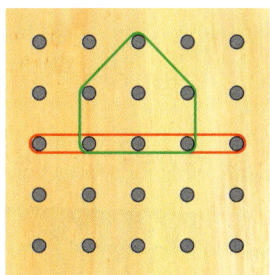 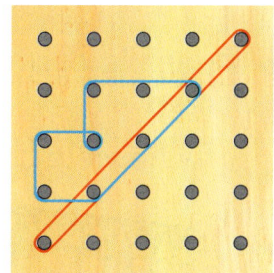

2 Spannt eigene Figuren und ihre Spiegelbilder.
Übertragt sie in eure Geohefte.

3 Stelle Nadelbilder mit Spiegelfiguren her.

 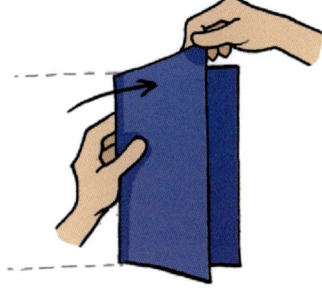 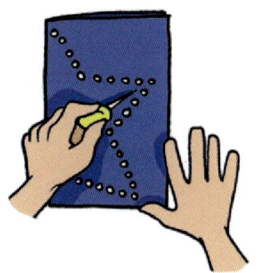 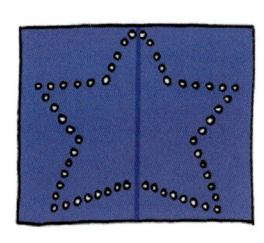

Übertrage in dein Heft. Spiegle. Überprüfe mit deinem Spiegel.
Finde eigene Figuren.

4

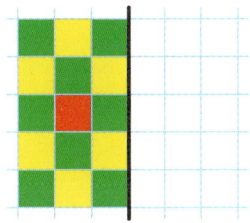  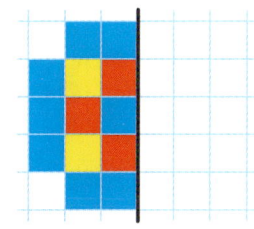 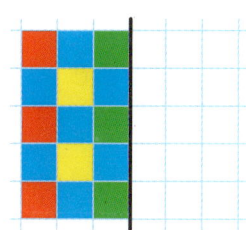

5

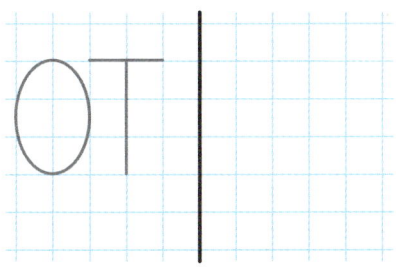 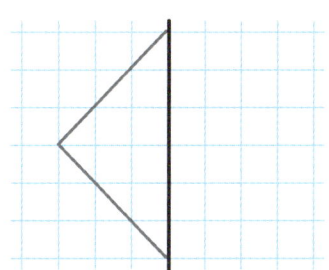 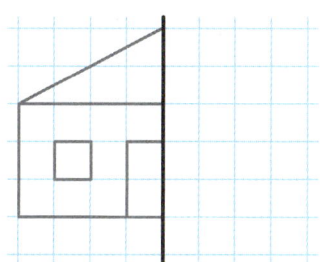

Einmaleins mit 2, 5 und 10

1 Finde und schreibe immer die Plus- und Malaufgabe.

a) Wie viele Stifte sind es? Zähle geschickt.

b) 2 Packungen mit Stiften kommen dazu. Wie viele Stifte sind es jetzt?

c) 1 Packung mit Stiften wird weggenommen. Wie viele Stifte sind es jetzt?

2 Rechne die Kernaufgabe . Finde die Nachbaraufgaben.

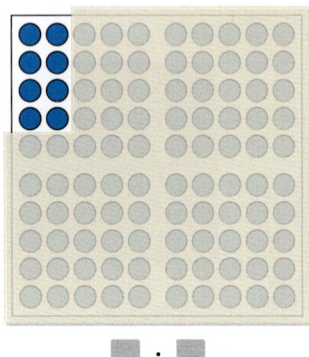 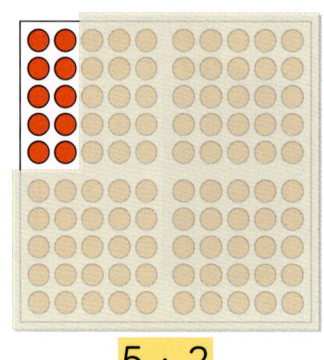 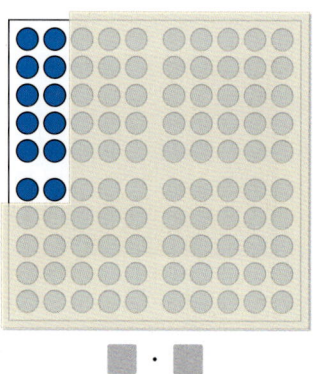

■ · ■   5 · 2   ■ · ■

3 Rechne die Kernaufgabe . Finde die Nachbaraufgaben.

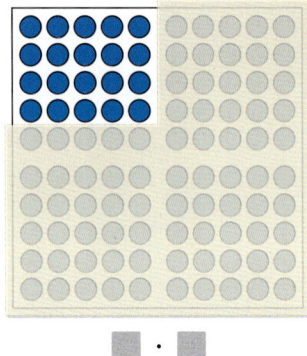 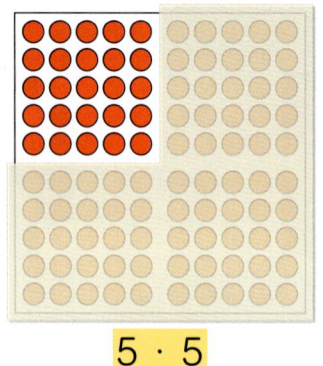 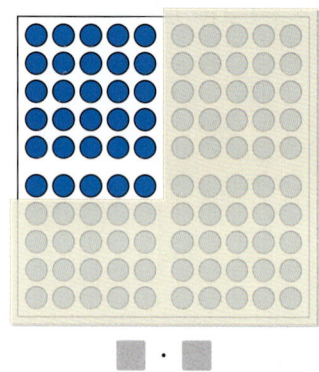

■ · ■   5 · 5   ■ · ■

4 Finde immer eine Nachbaraufgabe. Rechne.

a) 2 · 2   b) 2 · 5   c) 5 · 2   d) ■ · ■   e) 2 · 10   f) ■ · ■

   3 · 2   ■ · ■   ■ · ■   10 · 2   ■ · ■   5 · 5

2–3 zusätzlich können Additionsaufgaben gebildet werden

1 Rechne mithilfe der Kernaufgaben.

a)
$$5 \cdot 2$$
$$2 \cdot 2$$
$$7 \cdot 2$$

b)
$$5 \cdot 5$$
$$2 \cdot 5$$
$$3 \cdot 5$$

c)
$$10 \cdot 10$$
$$2 \cdot 10$$
$$8 \cdot 10$$

d)
$$2 \cdot 5$$
$$5 \cdot 5$$
$$7 \cdot 5$$

e)
$$5 \cdot 2$$
$$1 \cdot 2$$
$$6 \cdot 2$$

f)
$$10 \cdot 5$$
$$1 \cdot 5$$
$$9 \cdot 5$$

2 Verdoppeln hilft beim Rechnen. Male Punktbilder.

a) $2 \cdot 2$ $4 \cdot 2$

b) $2 \cdot 5$ $\blacksquare \cdot \blacksquare$

c) $2 \cdot 10$ $\blacksquare \cdot \blacksquare$

3 Halbieren hilft beim Rechnen. Male Punktbilder.

a) $6 \cdot 2$ $3 \cdot 2$

b) $6 \cdot 5$ $\blacksquare \cdot \blacksquare$

c) $6 \cdot 10$ $\blacksquare \cdot \blacksquare$

4
a)
$$1 \cdot 2 \qquad 6 \cdot 2$$
$$2 \cdot 2 \qquad 7 \cdot 2$$
$$3 \cdot 2 \qquad 8 \cdot 2$$
$$4 \cdot 2 \qquad 9 \cdot 2$$
$$5 \cdot 2 \qquad 10 \cdot 2$$

b)
$$1 \cdot 5 \qquad 6 \cdot 5$$
$$2 \cdot 5 \qquad 7 \cdot 5$$
$$3 \cdot 5 \qquad 8 \cdot 5$$
$$4 \cdot 5 \qquad 9 \cdot 5$$
$$5 \cdot 5 \qquad 10 \cdot 5$$

c)
$$1 \cdot 10 \qquad 6 \cdot 10$$
$$2 \cdot 10 \qquad 7 \cdot 10$$
$$3 \cdot 10 \qquad 8 \cdot 10$$
$$4 \cdot 10 \qquad 9 \cdot 10$$
$$5 \cdot 10 \qquad 10 \cdot 10$$

5 Im Klassenraum stehen 4 Tische. An jedem Tisch sitzen 5 Kinder.
Auf jedem Tisch stehen 2 Kannen Tee.

a) Wie viele Kinder sind es zusammen?

b) Wie viele Kannen Tee sind es insgesamt?

Einmaleins mit 4

1

Wie viele Räder hat ein Auto?   4   1 · 4

1 · 4
2 · 4
3 · 4
4 · 4
5 · 4
6 · 4
7 · 4
8 · 4
9 · 4
10 · 4

2 Wie viele Räder haben zwei Autos?
Rechne so: 4 + 4   2 · 4

3 Wie viele Räder haben fünf Autos?

4 + 4 + 4 + 4 + 4   ■ · 4

4 Wie viele Räder haben zehn Autos?

4 + 4 + 4 + 4 + 4 + 4 + 4 + 4 + 4 + 4   ■ · 4

5

1 · 4	2 · 4	3 · 4	4 · 4	5 · 4
6 · 4	7 · 4	8 · 4	9 · 4	10 · 4

6 Rechne mithilfe der Kernaufgaben.

a)
2 · 4
1 · 4
3 · 4

b)
5 · 4
1 · 4
6 · 4

c)
10 · 4
1 · 4
9 · 4

d)
2 · 4
5 · 4
7 · 4

e)
5 · 4
1 · 4
4 · 4

f)
10 · 4
2 · 4
8 · 4

7

Autos	0	1	2	3	4	5	6	7	8	9	10
Räder	0	4									

8 Rechne mithilfe der Kernaufgaben. Was fällt dir auf?

a) 2 · 2
2 · 4

b) 5 · 2
5 · 4

c) 4 · 2
4 · 4

d) 6 · 2
6 · 4

e) 7 · 2
7 · 4

f) 10 · 2
10 · 4

5 Kernaufgaben nutzen
die Aufgaben der Seiten 38–44 können mit Wendeplättchen gelegt werden

Einmaleins mit 8

1

Wie viele Beine hat eine Spinne? 8 1 · 8

<mark>1 · 8</mark>
<mark>2 · 8</mark>
3 · 8
4 · 8
<mark>5 · 8</mark>
6 · 8
7 · 8
8 · 8
9 · 8
<mark>10 · 8</mark>

2 Wie viele Beine haben zwei Spinnen?
Rechne so: 8 + 8 2 · 8

3 Wie viele Beine haben fünf Spinnen?
8 + 8 + 8 + 8 + 8 ■ · 8

4 Wie viele Beine haben zehn Spinnen?
8 + 8 + 8 + 8 + 8 + 8 + 8 + 8 + 8 + 8 ■ · 8

5 1 · 8   2 · 8   3 · 8   4 · 8   5 · 8
6 · 8   7 · 8   8 · 8   9 · 8   10 · 8

6 Rechne mithilfe der Kernaufgaben.

a) <mark>5 · 8</mark> <mark>1 · 8</mark> 6 · 8
b) <mark>5 · 8</mark> <mark>2 · 8</mark> 3 · 8
c) <mark>2 · 8</mark> <mark>5 · 8</mark> 7 · 8
d) <mark>10 · 8</mark> <mark>2 · 8</mark> 8 · 8
e) <mark>5 · 8</mark> <mark>1 · 8</mark> 4 · 8
f) <mark>10 · 8</mark> <mark>1 · 8</mark> 9 · 8

7

Spinnen	0	1		3	4		6			9	
Beine	0	8	16			40		56	64		80

8
a) 1 · 2
1 · 4
1 · 8
b) 2 · 2
2 · 4
2 · 8
c) 10 · 2
10 · 4
10 · 8
d) 5 · 2
5 · 4
5 · 8
e) 6 · 2
6 · 4
6 · 8
f) 9 · 2
9 · 4
9 · 8

Einmaleins mit 3

1 🍀🍀🍀🍀🍀🍀🍀🍀🍀🍀

Wie viele Blättchen hat ein Kleeblatt?   3   1 · 3

2 Wie viele Blättchen haben zwei Kleeblätter?
Rechne so: 3 + 3   2 · 3

3 Wie viele Blättchen haben fünf Kleeblätter?
                        3 + 3 + 3 + 3 + 3   ▪ · 3

4 Wie viele Blättchen haben zehn Kleeblätter?
        3 + 3 + 3 + 3 + 3 + 3 + 3 + 3 + 3 + 3   ▪ · 3

1 · 3	
2 · 3	
3 · 3	
4 · 3	
5 · 3	
6 · 3	
7 · 3	
8 · 3	
9 · 3	
10 · 3	

5
1 · 3	2 · 3	3 · 3	4 · 3	5 · 3
6 · 3	7 · 3	8 · 3	9 · 3	10 · 3

6 Finde die Malaufgaben. Rechne.

a)    b)    c)    d)

7
a)	b)	c)	d)	e)	f)
1 · 3	10 · 3	5 · 3	10 · 3	5 · 3	5 · 3
2 · 3	1 · 3	2 · 3	2 · 3	1 · 3	1 · 3
3 · 3	9 · 3	7 · 3	8 · 3	6 · 3	4 · 3

8
Kleeblätter	0	1	2		4		6	7		9	
Blättchen	0	3		9		15			24		30

Einmaleins mit 6

1

Packungen	0	1	2	3	4	5	6	7	8	9	10
Flaschen	0	6									

1 · 6
2 · 6
3 · 6
4 · 6
5 · 6
6 · 6
7 · 6
8 · 6
9 · 6
10 · 6

2 Rechne die Kernaufgaben. Finde Nachbaraufgaben.

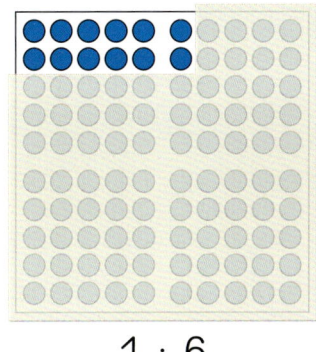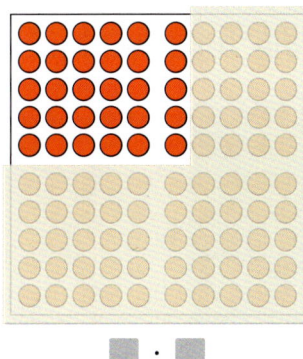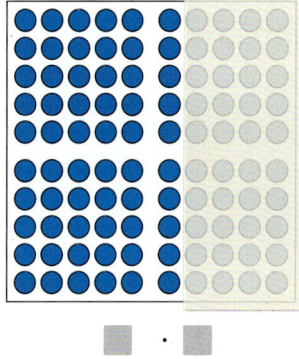

1 · 6   ■ · ■   ■ · ■

2 · 6   5 · 6   10 · 6

3 · 6   ■ · ■

3 Rechne das Einmaleins mit 6.

1 · 6   2 · 6   3 · 6   4 · 6   5 · 6
6 · 6   7 · 6   8 · 6   9 · 6   10 · 6

4 Male Punktbilder. Was stellst du fest?

 a) 4 · 3   b) 2 · 6   c) 5 · 3   d) 6 · 3   e) 6 · 4   f) 8 · 3
   3 · 4   6 · 2   3 · 5   3 · 6   4 · 6   3 · 8

5 Lege und rechne. Was stellst du fest?

 a) 2 · 3   b) 3 · 3   c) 10 · 3   d) 5 · 3   e) 6 · 3   f) 8 · 3
   2 · 6   3 · 6   10 · 6   5 · 6   6 · 6   8 · 6

Tauschaufgaben

1 Baue, zeichne und rechne.

Tim baut so:

Dennis baut so:

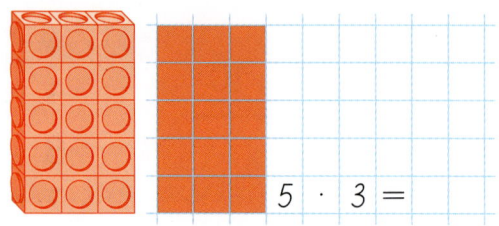 5 · 3 =

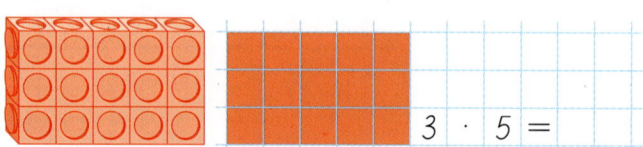 3 · 5 =

Wie viele Steckwürfel braucht Tim?   Wie viele Steckwürfel braucht Dennis?

2 Baue, zeichne und rechne. Finde die Tauschaufgabe.

a) 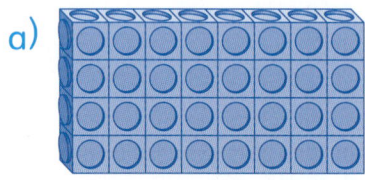   b) 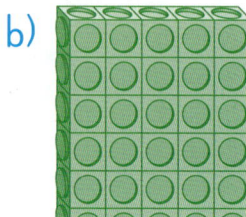   c) 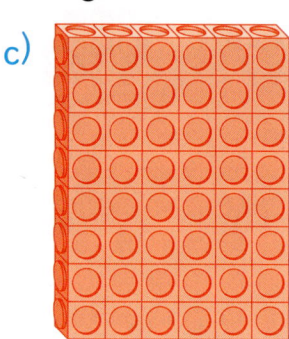   d)

e)

3 Welche Aufgabe kannst du leichter rechnen?

a) 8 · 2   b) 5 · 6   c) 3 · 4   d) 6 · 3   e) 4 · 10   f) 8 · 4
   2 · 8   6 · 5   4 · 3   3 · 6   10 · 4   4 · 8

g) 5 · 4   h) 6 · 10   i) 8 · 3   j) 2 · 4   k) 8 · 5   l) 6 · 8
   4 · 5   10 · 6   3 · 8   4 · 2   5 · 8   8 · 6

4 Bilde immer die Tauschaufgabe. Rechne.

 a) 6 · 2   b) 2 · 4   c) 8 · 4   d) 0 · 3   e) 8 · 10   f) 5 · 8
   6 · 4   4 · 4   8 · 2   5 · 3   4 · 10   5 · 4
   6 · 8   8 · 4   8 · 1   10 · 3   2 · 10   5 · 2

5 a) 40 = 4 · 10   b) 30 = 5 · ▪   c) 24 = ▪ · ▪   d) 48 = ▪ · ▪
★   40 = 10 · ▪   30 = ▪ · ▪   24 = ▪ · ▪   48 = ▪ · ▪

Einmaleins mit 9

1 Rechne die Kernaufgaben.
Finde Nachbaraufgaben.

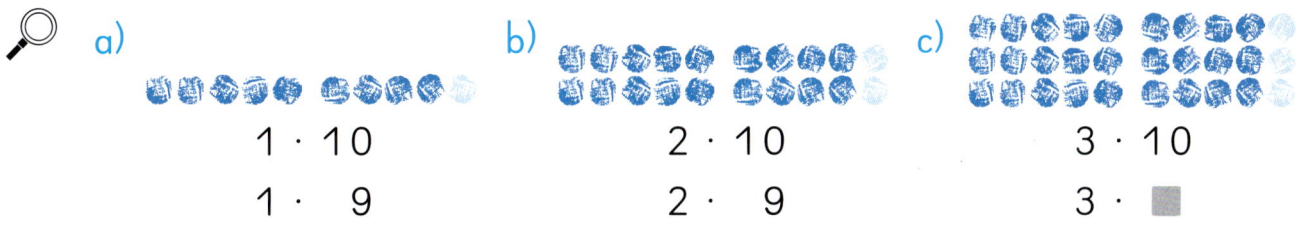

1 · 9   2 · 9

1 · 9
2 · 9
3 · 9
4 · 9
5 · 9
6 · 9
7 · 9
8 · 9
9 · 9
10 · 9

1 · 9
2 · 9
■ · 9

■ · ■
5 · 9
■ · ■

■ · ■
10 · 9

2

1 · 9	2 · 9	3 · 9	4 · 9	5 · 9
6 · 9	7 · 9	8 · 9	9 · 9	10 · 9

3 Nutze das Einmaleins mit 10. Setze im Heft fort.

a)
1 · 10
1 · 9

b)
2 · 10
2 · 9

c)
3 · 10
3 · ■

Rechne die Aufgabe und die Tauschaufgabe.

4
a) 2 · 9   b) 9 · 3   c) 5 · 9   d) 6 · 9   e) 9 · 4   f) 9 · 8
   9 · 2   3 · 9   9 · 5   9 · 6   4 · 9   8 · 9

5
a) 2 · 3   b) 2 · 6   c) 2 · 9   d) 3 · 3   e) 9 · 6   f) 0 · 9
   4 · 3   4 · 6   4 · 9   3 · 6   6 · 6   3 · 9
   8 · 3   8 · 6   8 · 9   3 · 9   3 · 6   6 · 9

6 Lena und Murat steigen auf einen Aussichtsturm.
Jede Treppe hat 9 Stufen. Es gibt 7 Treppen.

Einmaleins mit 7

1

Eine Woche hat 7 Tage.

a) Wie viele Tage haben 2 Wochen?

b) Wie viele Tage haben 5 Wochen?

c) Wie viele Tage haben 10 Wochen?

In 2 Wochen habe ich Geburtstag.

$1 \cdot 7$

$\blacksquare \cdot 7$

$\blacksquare \cdot 7$

$\blacksquare \cdot 7$

$1 \cdot 7$
$2 \cdot 7$
$3 \cdot 7$
$4 \cdot 7$
$5 \cdot 7$
$6 \cdot 7$
$7 \cdot 7$
$8 \cdot 7$
$9 \cdot 7$
$10 \cdot 7$

2 Schreibe alle Aufgaben des Einmaleins mit 7.
Rechne mithilfe der Tauschaufgaben. Welche Aufgabe ist neu?

a) $1 \cdot 7$	b) $2 \cdot 7$	c) $3 \cdot 7$	d) $4 \cdot 7$	e) $\blacksquare \cdot 7$	f) $\blacksquare \cdot \blacksquare$
$7 \cdot 1$	$7 \cdot 2$	$7 \cdot 3$	$7 \cdot 4$	$\blacksquare \cdot \blacksquare$	$\blacksquare \cdot \blacksquare$

3

a) $2 \cdot 7$	b) $0 \cdot 7$	c) $6 \cdot 7$	d) $9 \cdot 7$	e) $5 \cdot 7$	f) $1 \cdot 7$
$5 \cdot 7$	$7 \cdot 7$	$10 \cdot 7$	$8 \cdot 7$	$4 \cdot 7$	$3 \cdot 7$

4 Nutze Kernaufgaben, Tauschaufgaben, Verdoppeln oder Halbieren.

a) $6 \cdot 7$	b) $9 \cdot 4$	c) $4 \cdot 6$	d) $9 \cdot 7$	e) $4 \cdot 8$	f) $9 \cdot 9$
$4 \cdot 5$	$8 \cdot 5$	$9 \cdot 8$	$3 \cdot 9$	$6 \cdot 6$	$4 \cdot 7$

5 Wie viele Tage sind es?

a)
In 3 Wochen ist Ostern.

b)
Vor 6 Wochen haben wir Fasching gefeiert.

c) Finde selbst solche Aufgaben.

Sachaufgaben

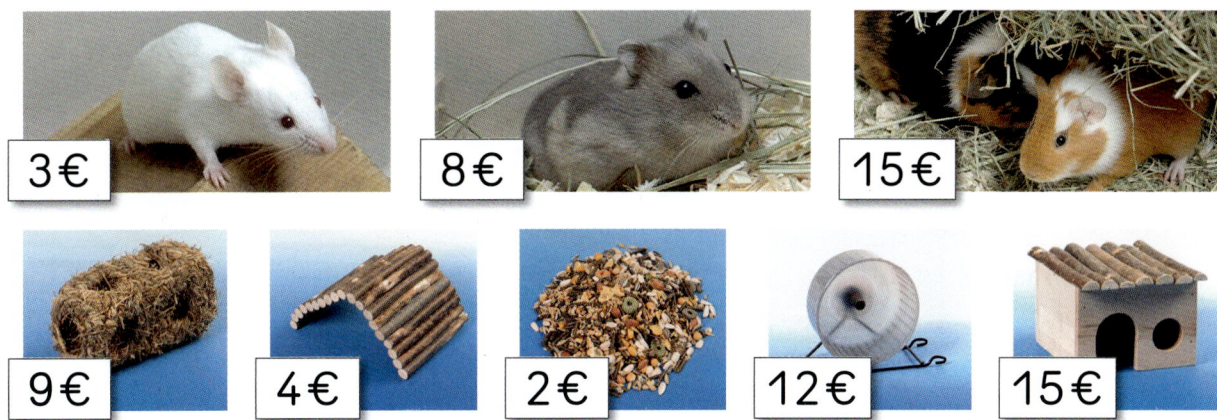

Die Klasse besucht mit ihrem Lehrer Herrn Beck einen Zoohandel.

1 Es gibt 3 Käfige mit Meerschweinchen. Immer 4 Meerschweinchen sind in einem Käfig. Wie viele Meerschweinchen sind es zusammen?

2 Es gibt auch 3 Käfige mit Hamstern. In jedem Käfig sind 7 Hamster.

3 Herr Beck kauft für die Klasse 2 Hamster.

   a) Wie viel muss er bezahlen?

   b) Herr Beck bezahlt mit einem 50-€-Schein.

4 ⭐ Herr Beck gibt weitere 14 € aus. Was kann er gekauft haben?

5 ⭐ Was könnte Herr Beck vom Restgeld kaufen? Finde mehrere Möglichkeiten.

6 ⭐ 24 Mäuse sind auf 4 Käfige gleichmäßig verteilt. Wie viele Mäuse sind in einem Käfig?

7 Im Geschäft werden jeden Tag 4 Tüten mit Futter gebraucht.

   a) Wie viele Tüten Futter werden für 2 Tage gebraucht?

   b) Wie viele Tüten Futter werden in einer Woche gebraucht?

Zentimeter

1 Schätze zuerst, miss nach.

	geschätzt	gemessen
Taschenrechner	cm	cm
Kreide	cm	cm
CD–Hülle	cm	cm
Buntstift	cm	cm

2 Miss die Längen der farbigen Linien.

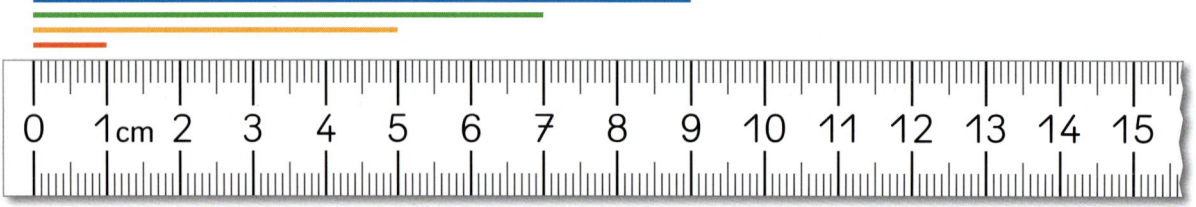

3 Miss die Längen der Freundschaftsbänder.

a)

d)

e)

f)

b)

c)

4 Ordne die Bänder der Länge nach. Vergleiche.

5 45 cm, 38 cm, 17 cm, 50 cm, 91 cm, 79 cm

a) Zeigt die Längen am Metermaß.

b) Ordnet sie der Länge nach. Beginnt mit der kürzesten.

6 Eine goldene Schatztruhe ist 32 cm lang. Eine silberne Schatztruhe ist 17 cm länger. Wie lang ist die silberne Schatztruhe?

1 reale Gegenstände zum Schätzen und Vergleichen nutzen
6 Schatzkisten aus Schuhkartons herstellen, messen und vergleichen

Meter

1 Messt eure Körperlänge und vergleicht.   Schreibt so: ▦ m ▦ cm

1 Meter = 100 cm

NAME	KÖRPERLÄNGE	
MONA	1 m	49 cm
	m	cm
	m	cm
	m	cm

2 Schätze zuerst, miss nach.

	geschätzt	gemessen	
Fensterbrett	m	m	cm
Leiter	m	m	cm
Spaten	m	m	cm
Tafel	m	m	cm
Bank	m	m	cm

3 a) Erzählt.   b) Zeichnet Linien und messt sie.

c) Zeichnet auf dem Schulhof:
   3 m, 2 m, 5 m, 1 m 35 cm, 6 m 20 cm, 4 m 60 cm

es können auch eine Tapetenrolle oder Küchentücher abgerollt werden, um Messübungen durchzuführen

Millimeter

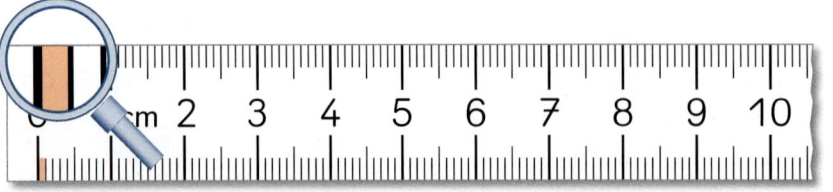

Die 1-Cent-Münze ist 1 mm dick.

1 Millimeter   1 mm

1 Zentimeter = 10 Millimeter

1 cm = 10 mm

1   a) Zeichne die Tabelle in dein Heft.

Gegenstand	geschätzt	gemessen
5-Cent-Münze		
Schraubenkopf		
Radiergummi		
Spitzer		
Büroklammer		

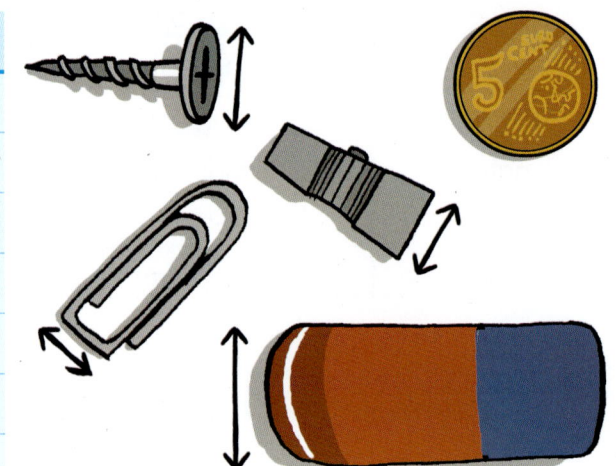

b) Findet weitere Beispiele.

2   Lies die Längen der farbigen Linien in Millimeter ab.

10 mm = 1 cm

1b weitere Beispiele: Breite von Schleifenbändern, Freundschaftsbändern, Wollfäden, Korkplatten (Dicke) messen lassen

achtundvierzig

1 a) Erzähle.

Mein Gürtel ist 50 mm breit.

Mein Gürtel ist 30 mm breit.

Tims Gürtel ist also 5 cm breit und Lenas Gürtel ist 3 cm breit.

b) Zeige am Lineal die Breiten der Gürtel.

2 Rechne um.

a) 1 cm = ☐ mm
4 cm = ☐ mm
6 cm = ☐ mm
9 cm = ☐ mm

b) 30 mm = ☐ cm
80 mm = ☐ cm
100 mm = ☐ cm
70 mm = ☐ cm

c) 10 cm = ☐ mm
20 mm = ☐ cm
5 cm = ☐ mm
⭐ 12 cm = ☐ mm

3 Vergleiche. >, < oder =?

a) 5 mm ⬤ 1 cm
10 mm ⬤ 1 cm
21 mm ⬤ 2 cm
48 mm ⬤ 5 cm

b) 1 cm ⬤ 9 mm
3 cm ⬤ 27 mm
7 cm ⬤ 70 mm
6 cm ⬤ 65 mm

c) 40 mm ⬤ 5 cm
10 cm ⬤ 100 mm
70 mm ⬤ 9 cm
15 cm ⬤ 80 mm

⭐ d) 42 mm ⬤ 4 cm 2 mm   7 mm ⬤ 3 cm 1 mm   5 cm 6 mm ⬤ 56 mm

4 Anna und Mona knüpfen Freundschaftsbänder.
Das Band von Anna ist schon 99 mm lang.
Monas Band ist 15 mm kürzer.

a) Wie lang ist Monas Freundschaftsband?

b) Schreibe die Längen der Bänder in cm und mm.

Kilometer

1 a) Erzähle.

b) Suche Kilometerangaben in deiner Umgebung.

c) Vergleiche die Entfernungen.

gezielte Beobachtungsaufgaben:
Kilometeraufgaben suchen und Fotos oder Bilder als Präsentation zusammenstellen

1 Erzähle.

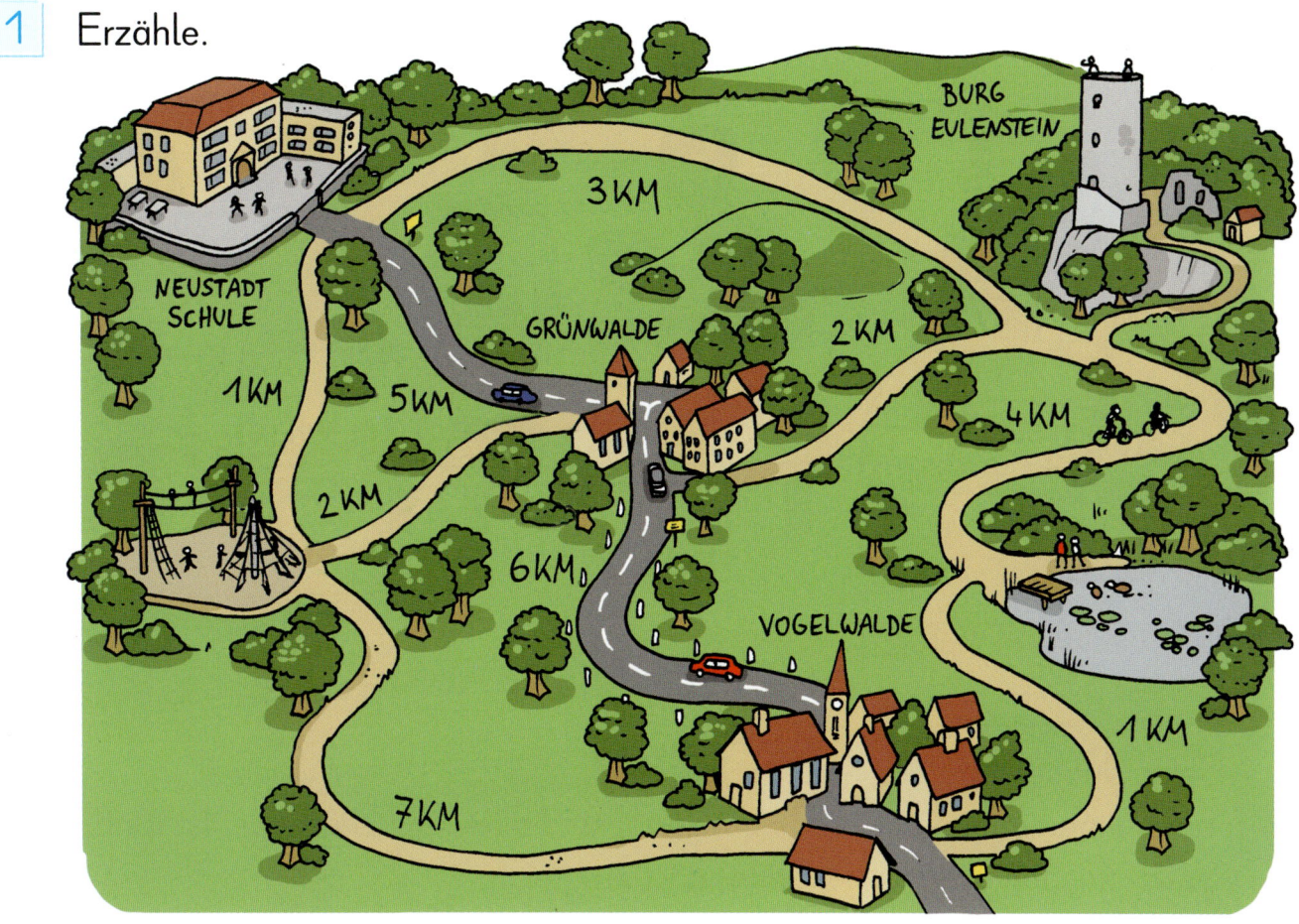

2 Die Kinder aus Grünwalde und Vogelwalde fahren mit dem Bus oder mit dem Fahrrad zur Schule.

a) Wie viele Kilometer fahren die Kinder aus Vogelwalde jeden Tag mit dem Bus?

b) Wie viele Kilometer fahren Paul und Ole von Grünwalde zur Schule, wenn sie den Radweg benutzen?

c) Wie viele Kilometer sind es mit dem Fahrrad von Grünwalde über Burg Eulenstein bis zur Schule?

d) Tim fährt mit dem Rad von Vogelwalde am Ententeich vorbei bis zur Burg und dann zur Schule. Wie viele Kilometer sind es?

e) Wie lang ist die Strecke von Vogelwalde am Kletterwald vorbei bis zur Schule?

3 Findet weitere Wege. Berechnet ihre Längen.

Körper: Quader – Würfel – Kugel

 **1**

Beim Quader sind die gegenüberliegenden Seitenflächen gleich.	Beim Würfel sind alle Seitenflächen gleich.	Die Kugel ist rund.

a) Sammelt Gegenstände und sortiert sie für eine Quader-Würfel-Kugel-Ausstellung.

b) Welche Verpackungen bleiben übrig?

c) Klebt von jedem Körper ein Bild ins Geoheft.

d) Schreibt Merkmale zu jedem Körper.

e) Macht von den Körpern Fotos für euer Geoheft.

2 a) Zeichne die Tabelle in dein Geoheft.

b) Suche Bilder von Quadern, Würfeln und Kugeln. Schneide sie aus und ordne sie zu.

Quader	Würfel	Kugel	andere Körper

Körper: Zylinder

Zylinder in der Umwelt

Gasometer in Oberhausen

Leuchtturm in Pilsum

Wettersatellit Meteosat

Schiefer Turm von Pisa

1 Zylinder untersuchen

Fläche
Kante
Fläche

Der Zylinder hat
– Kanten
– Flächen
– keine Ecken

a) Untersuche Zylinder. Welche Flächen entdeckst du?

b) Wo findest du Zylinder in deiner Umgebung?

c) Klebe Bilder von Zylindern in dein Geoheft.

d) Schreibe die Merkmale des Zylinders dazu.

2 Mit Zylindern gestalten

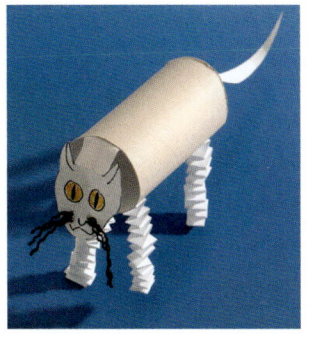

Körper untersuchen und vergleichen

1

a) Welche Körper findest du in dieser Stadt?

b) Wo sind Quadrate, Rechtecke, Dreiecke oder Kreise als Flächen an diesen Körpern?

c) Baut mit vielen verschiedenen Körpern eure Stadt.

2 Sucht Körper im Klassenraum.

a) Welche Flächen findet ihr an ihnen?

b) Wie viele Ecken und Kanten haben die Körper?

c)

Schreibe in dein Geoheft:

Das Korkenmännchen ist ein Zylinder.
Es hat 3 Flächen.
Es hat 2 Kanten und keine Ecken.

Der Schwamm ist ein ...
Er hat ...

Der Fußball ...

1 Welcher Körper ist es?

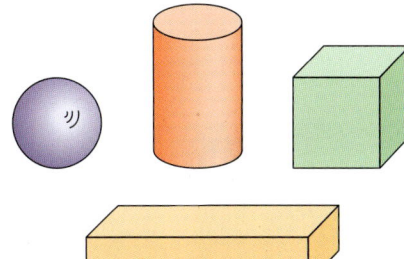

a) Er hat 6 Flächen.
Sie sind quadratisch.
Es gibt 8 Ecken.
Es gibt 12 Kanten.

b) Er hat keine Ecken.
Es gibt keine Kanten.
Er kann rollen.

 c) Stellt euch solche Rätsel.

2

a) Welche Körper wurden gestapelt?   b) Was sind ihre Besonderheiten?

c) Wie viele Körper wurden gestapelt?   d) Staple verschiedene Körper.

3

Bauplan

3	2	1
2	1	0
1	0	0

a) Wie viele Würfel sind es?

b) Baue nach.

c) Wie wurden die Würfel aufgestellt?

d) Baue wieder nach.   e) Zeichne Baupläne.

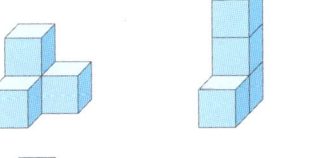 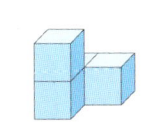 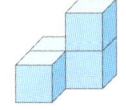 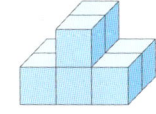 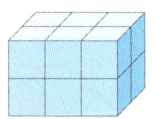

 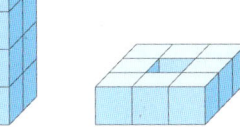 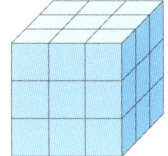 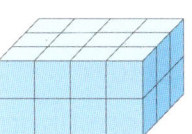 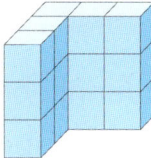

f) Baue ohne Vorlage.

Dividieren

1

14 Kinder wollen Fußball spielen.

Sie bilden zwei Mannschaften.

$$14 : 2 = \blacksquare$$

14 geteilt durch 2

2

Im Wäschekorb liegen
30 schmutzige Fußballtrikots.

Oles Mutter packt immer 10 Trikots
in die Waschmaschine.

$$30 : 10 = \blacksquare$$

3

Dennis hat 8 Bilder
mit Fußballspielern übrig.

Er hat 4 Freunde. Alle bekommen
gleich viele Bilder.

$$8 : 4 = \blacksquare$$

Division als Aufteilen und Verteilen wird wiederholt bzw. eingeführt,
die Sprechweise wird trainiert

1

Ich teile 4 durch 2.

4 geteilt durch 2.

Lisa hat 4 Anstecker.
Sie teilt mit Anna gerecht.

4 : 2 = ▢

2

Tim räumt 24 Bücher ein,
in jedes Fach die gleiche Anzahl.
Das Regal hat 4 Fächer.

24 : 4 = ▢

3

Ina schneidet ihre Geburtstagstorte
in 12 Stücke. Sie hat 6 Gäste.

12 : ▢ = ▢

4

Herr Müller hat 9 Gläser.
Er stellt auf jeden Tisch 3 Gläser.

9 : ▢ = ▢

5

Die Kinder ernten 15 Salatpflanzen.
Auf jedem Beet waren 5 Pflanzen.

15 : ▢ = ▢

6

Mona fährt 21 Tage zur Kur.
Wie viele Wochen ist sie weg?

21 : ▢ = ▢

Dividieren durch 10

1	2	
		$1 \cdot 10 = 10$

$1 \cdot 10 = 10$
$2 \cdot 10 = 20$
$3 \cdot 10 = 30$
$4 \cdot 10 = 40$
$5 \cdot 10 = 50$
$6 \cdot 10 = 60$
$7 \cdot 10 = 70$
$8 \cdot 10 = 80$
$9 \cdot 10 = 90$
$10 \cdot 10 = 100$

1 Lisa räumt 30 Stifte ein. In eine Packung gehören 10 Stifte. Wie viele Packungen werden voll?

$30 : 10 = \blacksquare$

$\blacksquare \cdot 10 = 30$

2 Frau Lange hat 50 Eier im Korb. In eine Packung passen 10 Eier. Wie viele Eierpackungen kann sie füllen?

$50 : 10 = \blacksquare$

$\blacksquare \cdot 10 = 50$

3 a)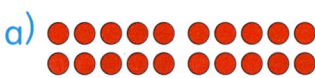

Tim hat 20 Wendeplättchen. Wie viele Reihen kann er im Hunderterfeld legen?

$20 : 10 = \blacksquare$

b) Lege 10, 40, 60 und 80 Plättchen so wie Tim. Wie viele Reihen kannst du jeweils im Hunderterfeld füllen? Schreibe die Aufgaben dazu.

c) Finde weitere Möglichkeiten.

4 Rechne und nutze das Einmaleins mit 10 zur Kontrolle.

$40 : 10$	$20 : 10$	$60 : 10$	$90 : 10$	$100 : 10$
$50 : 10$	$30 : 10$	$80 : 10$	$10 : 10$	$70 : 10$

5 a) Lege Wendeplättchen in 10er-Reihen. Nimm 10, 18, 20, 26, 30, 35, 40, 44 und 50 Plättchen. Bei welchen Zahlen hast du nur volle Reihen? Was stellst du fest?

b) Ergänze die Regel und schreibe sie in dein Heft.

> Eine Zahl ist durch 10 teilbar, wenn an der Einerstelle eine $\blacksquare$ steht.

Zusammenhang zwischen Multiplikation und Division als umkehrbare Handlung/Operation erkennen und zur Kontrolle nutzen

Dividieren durch 5

| 1 |  | 2 |  |

$1 \cdot 5 = 5$
$2 \cdot 5 = 10$
$3 \cdot 5 = 15$
$4 \cdot 5 = 20$
$5 \cdot 5 = 25$
$6 \cdot 5 = 30$
$7 \cdot 5 = 35$
$8 \cdot 5 = 40$
$9 \cdot 5 = 55$
$10 \cdot 5 = 50$

1 Lena hat 20 Salatpflanzen geerntet. In einer Reihe waren 5 Pflanzen. Wie viele Reihen waren es?

$20 : 5 = \blacksquare$

$\blacksquare \cdot 5 = 20$

2 Paul und Ömer räumen 10 Bälle ein. In jedes Netz passen 5 Bälle. Wie viele Netze füllen sie?

$10 : 5 = \blacksquare$

$\blacksquare \cdot 5 = 10$

3 a) 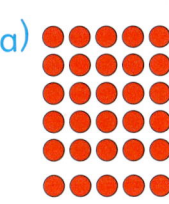 Ali hat 30 Wendeplättchen. Wie viele 5er-Reihen kann er im Hunderterfeld legen?

$30 : 5 = \blacksquare$

b) Lege 45, 20, 35 und 50 Plättchen so wie Ali. Wie viele 5er-Reihen werden es? Schreibe die Aufgaben dazu.

c) Finde weitere Möglichkeiten.

4 Rechne und nutze das Einmaleins mit 5 zur Kontrolle.

$40 : 5$	$20 : 5$	$35 : 5$	$25 : 5$	$10 : 5$
$5 : 5$	$30 : 5$	$50 : 5$	$15 : 5$	$45 : 5$

5 Lisa und Lena gestalten ihre neuen T-Shirts.

a) Lena bedruckt ihr T-Shirt mit farbigen Händen. Sie druckt eine rote, eine gelbe und eine grüne Hand darauf. Wie viele Finger kann man nun erkennen?

b) Auf Lisas T-Shirt erkennt man 25 Finger. Wie oft hat sie ihre Hand auf das T-Shirt gedrückt?

Dividieren durch 2, 4 und 8

1

Vor der Radtour muss Herr Lange 6 Reifen aufpumpen. Wie viele Fahrräder hat Familie Lange?

$$6 : 2 = \blacksquare$$
$$\blacksquare \cdot 2 = 6$$

2

Lena räumt 12 Schuhe in das Regal. Wie viele Paar Schuhe hat sie?

$$12 : 2 = \blacksquare$$
$$\blacksquare \cdot 2 = 12$$

$1 \cdot 2 =$	2
$2 \cdot 2 =$	4
$3 \cdot 2 =$	6
$4 \cdot 2 =$	8
$5 \cdot 2 =$	10
$6 \cdot 2 =$	12
$7 \cdot 2 =$	14
$8 \cdot 2 =$	16
$9 \cdot 2 =$	18
$10 \cdot 2 =$	20

3 a)

Reifen	0	2	4	6	8	10	12	14	16	18	20
Fahrräder	0		2				6				

b) Schreibe das Einmaleins mit 2 in dein Heft und teile durch 2.

$$1 \cdot 2 = 2 \qquad 2 : 2 = 1$$
$$2 \cdot 2 = 4 \qquad 4 : 2 = \blacksquare$$

4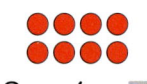

$$8 : 4 = \blacksquare \qquad 12 : 4 = \blacksquare \qquad \blacksquare : \blacksquare = \blacksquare$$
$$\blacksquare \cdot 4 = 8 \qquad \blacksquare \cdot 4 = \blacksquare \qquad \blacksquare \cdot \blacksquare = \blacksquare$$

$1 \cdot 4 =$	4
$2 \cdot 4 =$	8
$3 \cdot 4 =$	12
$4 \cdot 4 =$	16
$5 \cdot 4 =$	20
$6 \cdot 4 =$	24
$7 \cdot 4 =$	28
$8 \cdot 4 =$	32
$9 \cdot 4 =$	36
$10 \cdot 4 =$	40

5 Rechne und nutze das Einmaleins mit 4 zur Kontrolle.

$$40 : 4 \qquad 20 : 4 \qquad 12 : 4 \qquad 16 : 4 \qquad 4 : 4$$
$$32 : 4 \qquad 8 : 4 \qquad 28 : 4 \qquad 36 : 4 \qquad 24 : 4$$

6 a)

Räder	0	4	8	12	16	20	24	28	32	36	40
Autos	0		2								

b) Ali hat in seinem Baukasten 16 Räder. Wie viele Autos kann er bauen?

1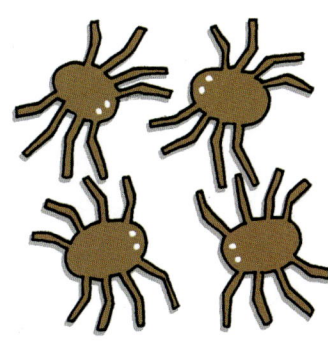

Für die Dekoration einer Gruselparty basteln die Kinder Spinnen.
Ole zählt 32 Spinnenbeine.
Wie viele Spinnen wollen sie basteln?

$$32 : 8 = \blacksquare$$
$$\blacksquare \cdot 8 = 32$$

1 · 8 =	8
2 · 8 =	16
3 · 8 =	24
4 · 8 =	32
5 · 8 =	40
6 · 8 =	48
7 · 8 =	56
8 · 8 =	64
9 · 8 =	72
10 · 8 =	80

2 Rechne und nutze das Einmaleins mit 8 zur Kontrolle.

80 : 8   64 : 8   48 : 8   16 : 8   72 : 8
40 : 8   32 : 8   24 : 8   8 : 8   56 : 8

3 a)

Beine	0	8	16	24	32	40	48	56	64	72	80
Spinnen	0				4						

b) Wie viele Spinnen kann Ina basteln, wenn Dennis
8, 40, 16, 56, 24, 72 Beine zurechtschneidet?
Schreibe die Aufgaben in dein Heft.
Nutze das Einmaleins zur Kontrolle.

4 a) 4 : 4   b) 12 : 2   c) 16 : 4   d) 32 : 8   e) 24 : 8   f) 40 : 4
   4 : 2   12 : 4   16 : 2   32 : 4   24 : 4   40 : 8

5 a) Zweierschritte   0, 2, 4, … 20   b) Viererschritte   0, 4, 8, … 40

c) Achterschritte   0, 8, 16, … 80   d) Was fällt dir auf?

6 Schreibe die Aufgaben und rechne.

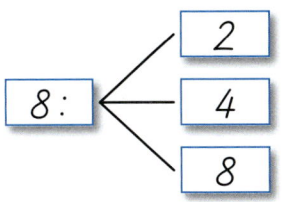   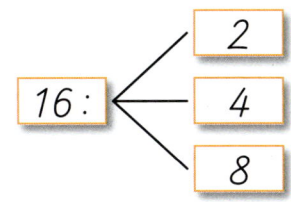   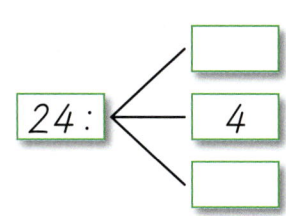

Dividieren durch 3

1

Herr Müller will 12 Würste verkaufen. Er hängt immer 3 an einen Haken. Wie viele Haken braucht er?

12 : 3 = ▪

▪ · 3 = 12

2

Der Bäcker hat noch 15 Muffins. Er legt immer 3 auf einen Teller. Wie viele Teller braucht er?

15 : 3 = ▪

▪ · 3 = 15

1 · 3 = 3
2 · 3 = 6
3 · 3 = 9
4 · 3 = 12
5 · 3 = 15
6 · 3 = 18
7 · 3 = 21
8 · 3 = 24
9 · 3 = 27
10 · 3 = 30

3 Lege mit 3, 6, 9, 18, 21, 24, 27, 30 Wendeplättchen 3er-Reihen. Schreibe die Aufgaben dazu und kontrolliere mit dem Einmaleins.

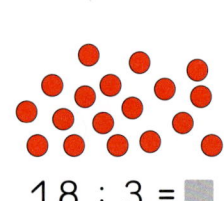

18 : 3 = ▪

▪ · 3 = 18

4 Rechne und nutze das Einmaleins mit 3 zur Kontrolle.

21 : 3	27 : 3	12 : 3	15 : 3	3 : 3
9 : 3	6 : 3	18 : 3	24 : 3	30 : 3

5 a)

einzelne Räder	0	3	6	9	12	15	18	21	24	27	30
Dreiräder	0				4	5					

b) Ein Betrieb montiert Dreiräder. In einer Kiste liegen 27 einzelne Räder. Wie viele Dreiräder können noch gebaut werden?

Dividieren durch 6

1

Anna beobachtet Käfer auf einer Wiese. Sie zählt 24 Käferbeine. Wie viele Käfer krabbeln dort?

$$24 : 6 = \blacksquare$$
$$\blacksquare \cdot 6 = 24$$

2

Ole kauft 12 Flaschen Wasser. Wie viele 6er-Packungen muss er tragen?

$$12 : 6 = \blacksquare$$
$$\blacksquare \cdot 6 = 12$$

$1 \cdot 6 =$	6
$2 \cdot 6 =$	12
$3 \cdot 6 =$	18
$4 \cdot 6 =$	24
$5 \cdot 6 =$	30
$6 \cdot 6 =$	36
$7 \cdot 6 =$	42
$8 \cdot 6 =$	48
$9 \cdot 6 =$	54
$10 \cdot 6 =$	60

3 Lege mit 6, 18, 24, 36, 42, 54, 60 Wendeplättchen 6er-Reihen. Schreibe die Aufgaben dazu und kontrolliere mit dem Einmaleins.

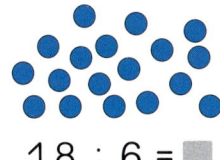

$$18 : 6 = \blacksquare$$

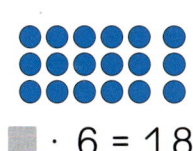

$$\blacksquare \cdot 6 = 18$$

4 Rechne und nutze das Einmaleins mit 6 zur Kontrolle.

$24 : 6$	$30 : 6$	$42 : 6$	$54 : 6$	$6 : 6$
$12 : 6$	$36 : 6$	$18 : 6$	$48 : 6$	$60 : 6$

5

einzelne Flaschen	0	6	12	18	24	30	36	42	48	54	60
6er-Packungen	0				4						

6

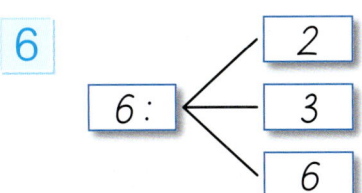

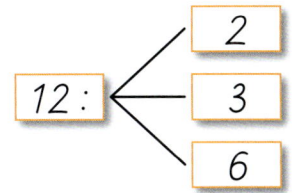

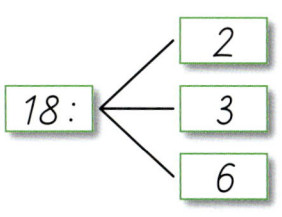

Dividieren durch 9

1 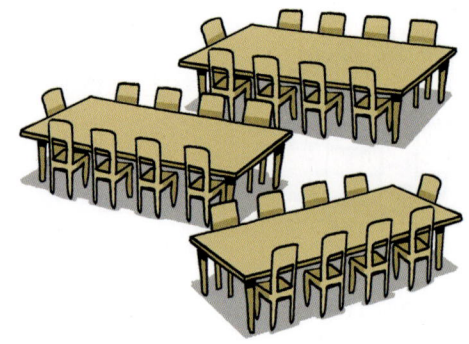 Im Speiseraum stehen 27 Stühle. An jedem Tisch stehen 9 Stühle. Wie viele Tische gibt es dort?

$27 : 9 = \blacksquare$

$\blacksquare \cdot 9 = 27$

$1 \cdot 9 = 9$
$2 \cdot 9 = 18$
$3 \cdot 9 = 27$
$4 \cdot 9 = 36$
$5 \cdot 9 = 45$
$6 \cdot 9 = 54$
$7 \cdot 9 = 63$
$8 \cdot 9 = 72$
$9 \cdot 9 = 81$
$10 \cdot 9 = 90$

2

$9 : 1$	$27 : 3$	$45 : 5$
$18 : 2$	$36 : 4$	$54 : 6$
$90 : 10$	$72 : 8$	

Diese Aufgaben kannst du schon.

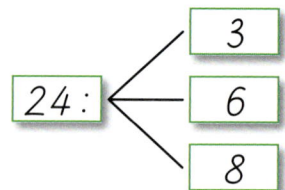

3 Rechne und nutze das Einmaleins mit 9 zur Kontrolle.

$27 : 9$	$36 : 9$	$45 : 9$	$54 : 9$	$9 : 9$
$18 : 9$	$63 : 9$	$81 : 9$	$72 : 9$	$90 : 9$

4 Vergleiche. >, < oder =?

a) $27 : 9 \;\bullet\; 5$ b) $72 : 9 \;\bullet\; 6$ c) $63 : 9 \;\bullet\; 7$ d) $54 : 9 \;\bullet\; 10$

    $18 : 9 \;\bullet\; 2$ $45 : 9 \;\bullet\; 6$ $90 : 9 \;\bullet\; 1$ $9 : 9 \;\bullet\; 2$

5

$18 :$ → 3 / 6 / 9 $36 :$ → 4 / 6 / 9 $24 :$ → 3 / 6 / 8

6 Tim braucht für seine Geburtstagsfeier 28 Luftballons. In jeder Tüte sind 10 Ballons.

a) Wie viele Tüten muss er kaufen?

b) Wie viele Ballons hat er übrig?

Dividieren durch 7

1  Schneewittchen hat 14 Äpfel im Korb. Sie verteilt alle Äpfel an die 7 Zwerge. Wie viele Äpfel bekommt jeder Zwerg?

$$14 : 7 = \blacksquare$$
$$\blacksquare \cdot 7 = 14$$

$1 \cdot 7 = 7$	
$2 \cdot 7 = 14$	
$3 \cdot 7 = 21$	
$4 \cdot 7 = 28$	
$5 \cdot 7 = 35$	
$6 \cdot 7 = 42$	
$7 \cdot 7 = 49$	
$8 \cdot 7 = 56$	
$9 \cdot 7 = 63$	
$10 \cdot 7 = 70$	

2 Rechne und nutze das Einmaleins mit 7 zur Kontrolle.

$21 : 7 \qquad 35 : 7 \qquad 42 : 7 \qquad 56 : 7 \qquad 7 : 7$

$14 : 7 \qquad 63 : 7 \qquad 28 : 7 \qquad 70 : 7 \qquad 49 : 7$

3 Lege mit 7, 14, 21, 35, 42, 49, 56, 70 Wendeplättchen 7er-Reihen. Schreibe die Aufgaben dazu und kontrolliere mit dem Einmaleins.

$28 : 7 = \blacksquare$

$\blacksquare \cdot 7 = 28$

4 Vergleiche. >, < oder =?

a) $21 : 7 \bullet 5$ b) $28 : 7 \bullet 3$ c) $63 : 7 \bullet 9$ d) $56 : 7 \bullet 7$

$14 : 7 \bullet 2$ $42 : 7 \bullet 7$ $70 : 7 \bullet 11$ $7 : 7 \bullet 0$

5 Die Kinder proben das Theaterstück „Schneewittchen und die sieben Zwerge".

a) Ina verteilt 7 Mützen an die Zwerge.

b) In der Garderobe stehen 14 Stiefel.

 c) Schneewittchen verteilt 50 Kirschen an die Zwerge. Wie viele Kirschen bekommt jeder Zwerg? Bleibt für Schneewittchen etwas übrig?

Umkehraufgaben

1

12 : 6
2 · 6

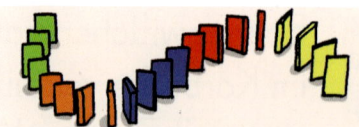

5 · 4
20 : 4

15 : 5
3 · 5

2 Finde zu den Aufgaben immer die Umkehraufgabe.

Rechne so: 2 0 : 2 =   1 0 · 2 =

a) 12 : 3   b) 20 : 4   c) 18 : 6   d) 48 : 8   e) 45 : 9   f) 35 : 7
   21 : 3   36 : 4   36 : 6   72 : 8   18 : 9   63 : 7
   15 : 3   16 : 4   54 : 6   40 : 8   81 : 9   28 : 7
   27 : 3   28 : 4   48 : 6   32 : 8   63 : 9   49 : 7

3 Hast du richtig gerechnet? Kontrolliere mit der Umkehraufgabe.

a) 12 : 2   b) 72 : 9   c) 24 : 8   d) 42 : 7   e) 60 : 10   f) 24 : 3
   24 : 6   24 : 4   35 : 5   80 : 8   36 : 4   70 : 7
   45 : 5   14 : 7   30 : 6   18 : 3   54 : 9   64 : 8

4 Bilde auch die Umkehraufgabe. Rechne.

a) 16 : 2   b) 5 · 8   c) 60 : 6   d) 9 · 3   e) 54 : 9   f) 8 · 7
   20 : 5   10 · 10   27 : 9   8 · 8   28 : 7   7 · 3
   21 : 7   8 · 2   45 : 5   7 · 4   48 : 8   5 · 6

5 Rechne Aufgabe und Umkehraufgabe.

a) Aus 45 Bausteinen werden 9 Türme gebaut.

b) 24 Bausteine werden an 8 Kinder verteilt.

c) 7 Kinder haben zusammen 35 Bausteine.

Aufgabenfamilien

Lege mit Wendeplättchen. Zeichne auf Kästchenpapier.
Rechne die Aufgabenfamilien.

1 a)

3 · 4 = ▢
4 · 3 = ▢
12 : 4 = ▢
12 : 3 = ▢

b)

4 · 5 = ▢
5 · 4 = ▢
20 : 5 = ▢
20 : 4 = ▢

2 a)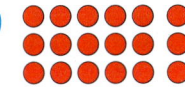

3 · 6 = ▢
6 · 3 = ▢
18 : 6 = ▢
18 : 3 = ▢

b)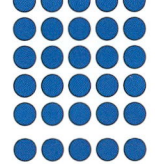

6 · 5 = ▢
▢ · 6 = ▢
30 : 5 = ▢
▢ : 6 = ▢

c)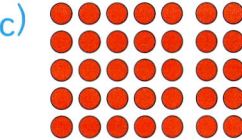

5 · 7 = ▢
▢ · 5 = ▢
▢ : 7 = ▢
▢ : 5 = ▢

d)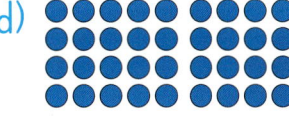

4 · 9 = ▢
▢ · 4 = ▢
▢ : 9 = ▢
▢ : 4 = ▢

3 Bilde Aufgabenfamilien und schreibe sie ins Heft.

a)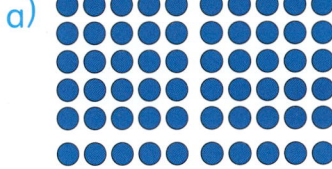

b)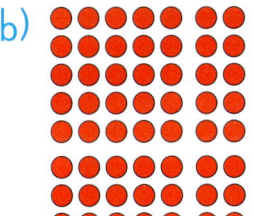

c)

d)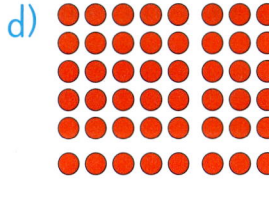

4 a)

3	15	5

3 · 5 = ▢   15 : 5 = ▢
5 · 3 = ▢   15 : 3 = ▢

b)

4	24	6

▢ · 6 = ▢   ▢ : 6 = ▢
▢ · 4 = ▢   ▢ : 4 = ▢

c)

9	45	5

d)

6	42	7

e)

8	40	5

f)

8	24	3

⭐ g)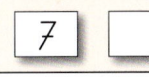

7		10

⭐ h)

	21	

Üben

1 2 Klassen spielen Fußball.
In jeder Klasse sind 12 Kinder.
Sie bilden 4 Mannschaften.

a) Wie viele Kinder sind es
zusammen?

b) Wie viele Kinder sind
in jeder Mannschaft?

c) Wie viele Mannschaften
wären es, wenn in jeder
Mannschaft 8 Spieler sind?

2
a)	b)	c)	d)	e)	f)
6 · 3	9 · 4	3 · 8	63 : 7	40 : 5	42 : 6
4 · 9	6 · 8	2 · 9	25 : 5	16 : 4	64 : 8
8 · 7	7 · 2	4 · 6	54 : 9	27 : 3	35 : 5
7 · 4	8 · 5	9 · 7	24 : 6	49 : 7	36 : 6

3 Welche Aufgaben gehören zusammen?

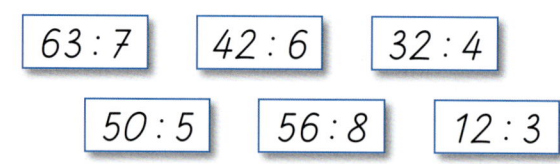

4 · 3   7 · 8   7 · 6   63 : 7   42 : 6   32 : 4

9 · 7   10 · 5   8 · 4   50 : 5   56 : 8   12 : 3

4 Löse mit Hilfe der Umkehraufgaben.

⭐
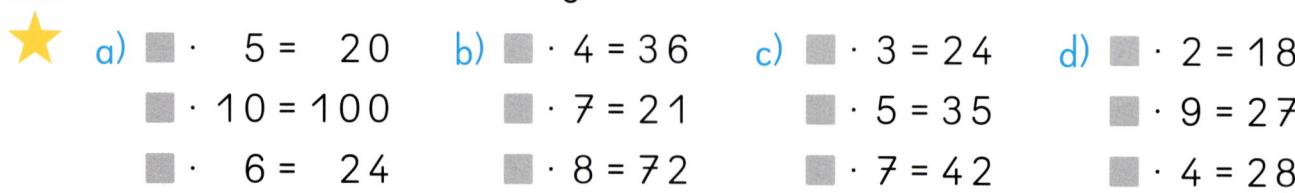

a) ■ · 5 = 20   b) ■ · 4 = 36   c) ■ · 3 = 24   d) ■ · 2 = 18
■ · 10 = 100   ■ · 7 = 21   ■ · 5 = 35   ■ · 9 = 27
■ · 6 = 24   ■ · 8 = 72   ■ · 7 = 42   ■ · 4 = 28

5 Bilde Aufgabenfamilien.

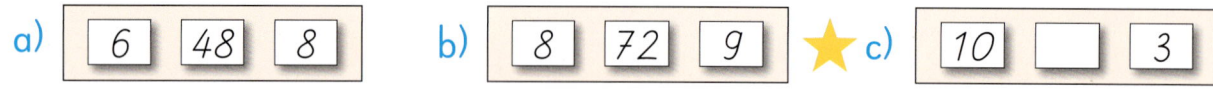

a) 6 48 8   b) 8 72 9   ⭐ c) 10 ☐ 3

2 Nutzen der Kernaufgaben und Tauschaufgaben;
Nutzen von Rechenvorteilen durch Verdoppeln und Halbieren

Sachaufgaben

1

Ina hat 56 Karten. Sie legt Reihen mit immer 8 Karten.

2

Ole verteilt 32 Dominosteine an 4 Kinder.

3 Jedes Kind bekommt 18 Würfel. Sie bauen Türme.

a) Tim baut Dreiertürme.

b) Ali baut Sechsertürme.

c) Dennis baut 2 gleich große Türme.

d) Paul baut 3 Fünfertürme. Wie viele Bausteine bleiben übrig?

e) Du möchtest mit 12, 24 und 30 Bausteinen gleich hohe Türme bauen. Wie hoch können die Türme werden?

4 Fatima packt 36 Buntstifte ein.

a) Immer 6 Stifte gehören in eine Packung.

b) Immer 4 Stifte gehören in eine Packung.

5 Die Kinder erhalten je eine 24 cm lange Holzleiste.

a) Paul teilt sie in 4 gleich große Leisten.

b) Inas Leisten sind alle 8 cm lang.

c) Anna halbiert die Holzleiste.

d) Dennis sägt zwei 10 cm lange Stücke ab. Wie lang ist der Rest?

6 Die Sportgruppe besteht aus 20 Kindern.

a) Immer 2 Kinder sollen ein Paar bilden.

b) Bilde gleich große Mannschaften. Welche Möglichkeiten gibt es?

Der Kalender

2012

Januar
Mo	2	9	16	23	30
Di	3	10	17	24	31
Mi	4	11	18	25	
Do	5	12	19	26	
Fr	6	13	20	27	
Sa	7	14	21	28	
So	1	8	15	22	29

Februar
Mo		6	13	20	27
Di		7	14	21	28
Mi	1	8	15	22	29
Do	2	9	16	23	
Fr	3	10	17	24	
Sa	4	11	18	25	
So	5	12	19	26	

März
Mo		5	12	19	26
Di		6	13	20	27
Mi		7	14	21	28
Do	1	8	15	22	29
Fr	2	9	16	23	30
Sa	3	10	17	24	31
So	4	11	18	25	

April
Mo	2	9	16	23	30
Di	3	10	17	24	
Mi	4	11	18	25	
Do	5	12	19	26	
Fr	6	13	20	27	
Sa	7	14	21	28	
So	1	8	15	22	29

Mai
Mo		7	14	21	28
Di	1	8	15	22	29
Mi	2	9	16	23	30
Do	3	10	17	24	31
Fr	4	11	18	25	
Sa	5	12	19	26	
So	6	13	20	27	

Juni
Mo		4	11	18	25
Di		5	12	19	26
Mi		6	13	20	27
Do		7	14	21	28
Fr	1	8	15	22	29
Sa	2	9	16	23	30
So	3	10	17	24	

Juli
Mo	2	9	16	23	30
Di	3	10	17	24	31
Mi	4	11	18	25	
Do	5	12	19	26	
Fr	6	13	20	27	
Sa	7	14	21	28	
So	1	8	15	22	29

August
Mo		6	13	20	27
Di		7	14	21	28
Mi	1	8	15	22	29
Do	2	9	16	23	30
Fr	3	10	17	24	31
Sa	4	11	18	25	
So	5	12	19	26	

September
Mo		3	10	17	24
Di		4	11	18	25
Mi		5	12	19	26
Do		6	13	20	27
Fr		7	14	21	28
Sa	1	8	15	22	29
So	2	9	16	23	30

Oktober
Mo	1	8	15	22	29
Di	2	9	16	23	30
Mi	3	10	17	24	31
Do	4	11	18	25	
Fr	5	12	19	26	
Sa	6	13	20	27	
So	7	14	21	28	

November
Mo		5	12	19	26
Di		6	13	20	27
Mi		7	14	21	28
Do	1	8	15	22	29
Fr	2	9	16	23	30
Sa	3	10	17	24	
So	4	11	18	25	

Dezember
Mo		3	10	17	24	31
Di		4	11	18	25	
Mi		5	12	19	26	
Do		6	13	20	27	
Fr		7	14	21	28	
Sa	1	8	15	22	29	
So	2	9	16	23	30	

Anna feiert am **22. Oktober** 2012 ihren 10. Geburtstag.

Das ist ein Montag.

Der **Tag**, der **Monat** und die **Jahreszahl** gehören zum **Datum**.

1 Wann hast du Geburtstag?

a) Nenne das Datum und zeige es auf dem Kalender.

b) Bestimme den Wochentag.

2 Ordne die Monate: Der **1.** Monat im Jahr ist der *Januar*. Der **2.** Monat …

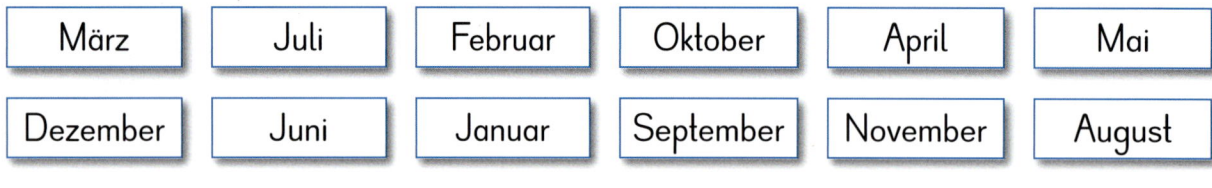

| März | Juli | Februar | Oktober | April | Mai |
| Dezember | Juni | Januar | September | November | August |

Ein Jahr hat **12** Monate.

3 a) Jetzt kannst du das Datum auch kürzer nennen.

Mein Geburtstag ist am **22**. **10**. 2012.

b) Schreibe die Geburtstage der Kinder deiner Klasse kürzer auf.

2 KV Zuordnungsübung Monat und Ordnungszahl

1 Arbeite mit einem Kalender.

Januar

Mo		2	9	16	23	30
Di		3	10	17	24	31
Mi		4	11	18	25	
Do		5	12	19	26	
Fr		6	13	20	27	
Sa		7	14	21	28	
So	1	8	15	22	29	

Es ist Donnerstag, der 12. 1. 2012.
Welches Datum ist in 3 Tagen (5 Tagen, 8 Tagen …)?

Nenne die Sonntage (Montage, Dienstage …) im Januar.
Was für ein Tag ist der 4. Januar, der 7. Januar …?
Welcher Tag ist der letzte Tag im Januar?

2

Mai

Mo		7	14	21	28
Di	1	8	15	22	29
Mi	2	9	16	23	30
Do	3	10	17	24	31
Fr	4	11	18	25	
Sa	5	12	19	26	
So	6	13	20	27	

Es ist Freitag, der 18. 5. 2012.

Welches Datum ist morgen?
Welches Datum ist übermorgen?
Welches Datum war gestern?
Welches Datum war vorgestern?
Was für ein Wochentag ist der 1. Mai?
Was für ein Wochentag ist der letzte Tag im Mai?

3 Ordne die Monate in einer Tabelle. Trage die Anzahl der Tage ein.

	Monat	Tage
1.	Januar	31
2.	Februar	28/29
3.	März	

So kannst du dir die Anzahl der Tage jedes Monats auch merken.

4 Wie viele Tage haben die Monate?

Deinen persönlichen Monatskalender hast du immer bei dir. „Lies" von links nach rechts. Beachte: Juli und August liegen auf zwei Knöcheln nebeneinander. Sie haben beide 31 Tage!

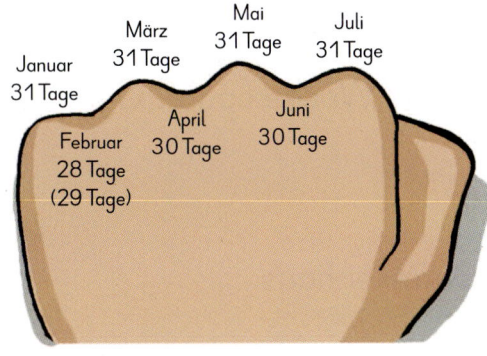

Die Woche

1

August

Mo		6	13	20	27
Di		7	14	21	28
Mi	1	8	15	22	29
Do	2	9	16	23	30
Fr	3	10	17	24	31
Sa	4	11	18	25	
So	5	12	19	26	

Ich fahre 2 Wochen in den Urlaub.

Wie viele Tage sind das?

Eine Woche hat **7** Tage.

Wie viele Tage sind es? Rechne so: 2 Wochen: 2 · 7 = ■ Tage

3 Wochen: 3 · ■ = ■ Tage

4 Wochen, 5 Wochen, 6 Wochen, 7 Wochen, … 10 Wochen

2 Lies die Ferien an einem Kalender ab.

a) Wie viele Wochen hast du Sommerferien?

b) Wie viele Wochen hast du Herbstferien?

c) Wie viele Wochen hast du Weihnachtsferien?

d) Wie viele Wochen hast du Winterferien?

e) Wie viele Wochen hast du Osterferien?

f) ⭐ Wie viele Wochen haben die Herbstferien und die Weihnachtsferien zusammen?

g) Findet weitere Aufgaben.

3 a) Ole war in den Sommerferien 21 Tage bei seiner Oma auf dem Bauernhof. Wie viele Wochen waren das?

b) Wie viele Ferientage verbringt Ole zu Hause?

4 Murat hat am 5. 8. Geburtstag. Paul hat eine Woche später Geburtstag. Wann hat Paul Geburtstag?

5 Lena lag vom 15. 8. bis zum 29. 8. im Krankenhaus. Wie viele Tage und Wochen sind das?

2 weitere Übungen am Kalender durchführen

Die Uhr – Stunden

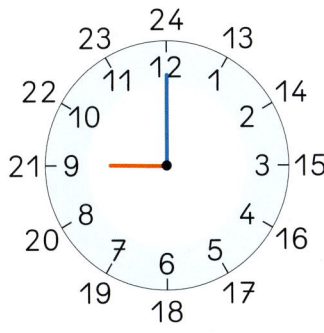

Das weißt du schon:

Der kleine Zeiger zeigt die Stunden.
Es ist 9 Uhr.

1 a) Stelle die Uhrzeiten ein. Lies beide Zeiten ab: vormittags und nachmittags.

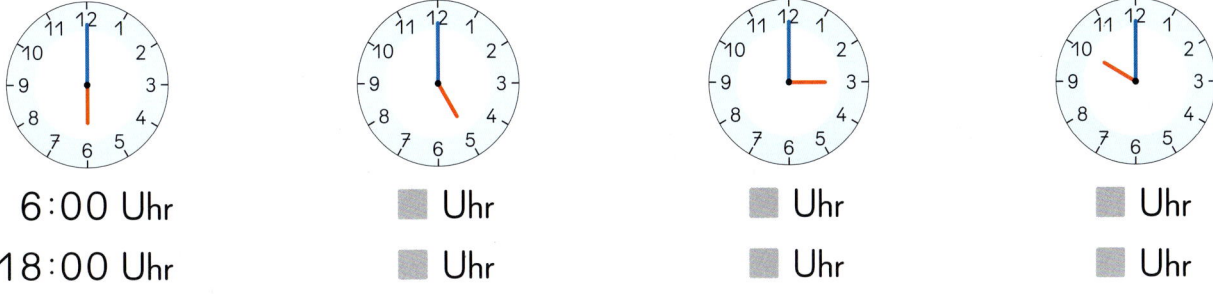

6:00 Uhr   ▢ Uhr   ▢ Uhr   ▢ Uhr

18:00 Uhr   ▢ Uhr   ▢ Uhr   ▢ Uhr

b) Findet weitere Uhrzeiten.

9 Uhr   10 Uhr

Ist der kleine Zeiger von einem dicken Strich
zum nächsten gewandert, ist 1 Stunde vergangen.

2 Wie viel Zeit ist vergangen?

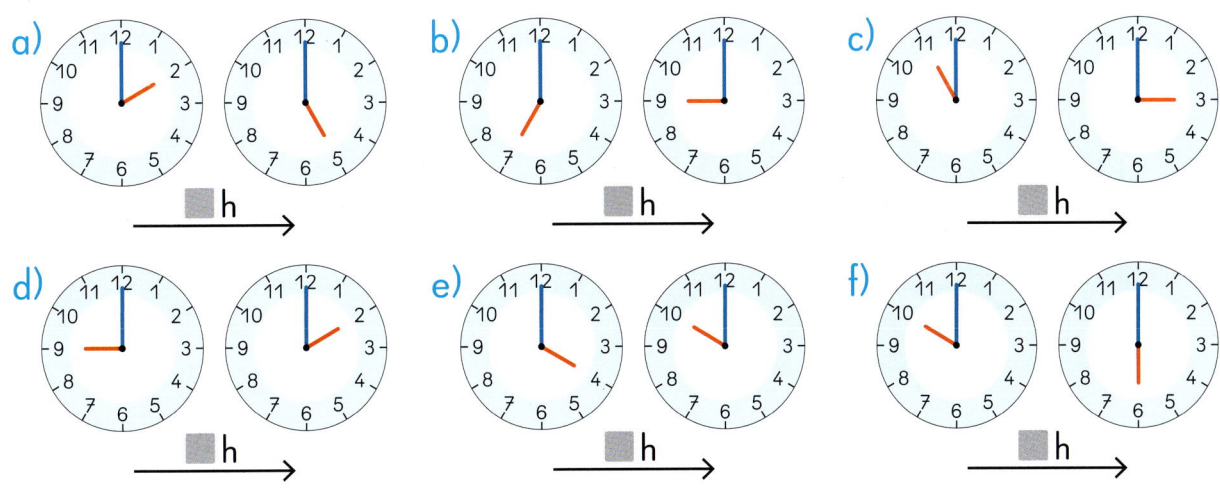

a) ▢ h   b) ▢ h   c) ▢ h

d) ▢ h   e) ▢ h   f) ▢ h

Stunden und Minuten

Stelle die Uhrzeiten an der Lernuhr ein.

1

Die Mittagspause dauert 1 Stunde.

Eine Stunde sind 60 Minuten.
1 h   =   60 min

2

Die große Pause dauert 30 Minuten.

Eine halbe Stunde sind
30 Minuten.

3

Die Frühstückspause dauert 15 Minuten.

 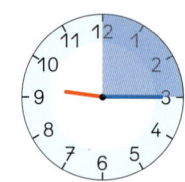

Eine Viertelstunde sind
15 Minuten.

4

Eine Unterrichtsstunde dauert 45 Minuten.

Eine Dreiviertelstunde sind
45 Minuten.

ggf. Kurzzeitwecker nutzen

Die Uhr – Minuten

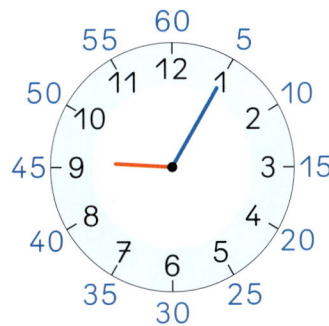

Der große Zeiger zeigt die Minuten.
Es ist 9:05 Uhr.

7:10 Uhr   7:15 Uhr

Ist der große Zeiger von einem dicken Strich zum nächsten gewandert, sind 5 Minuten vergangen.

1 Schaffst du es in 5 Minuten, die Kinder deiner Klasse aufzuschreiben, den Vogel von Seite 27 zu falten, ein Gedicht aufzusagen …?

5 min

2 Übe an der Uhr, stelle ein und lies ab.

7:00 Uhr, 7:05 Uhr, 7:10 Uhr,
7:15 Uhr, 7:20 Uhr, 7:25 Uhr, …

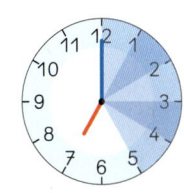

**Immer
in 5er-Schritten.**

3 Lies die Uhrzeit ab und stelle ein.

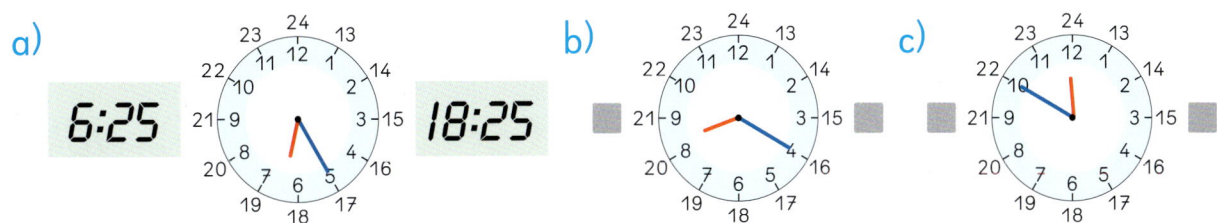

a)   6:25   18:25   b)   c)

4 Stellt die Uhrzeiten ein. Bestimmt Vormittagszeit und Nachmittagszeit.

a) 8:05 Uhr	b) 9:45 Uhr	c) 17:25 Uhr	d) 5:10 Uhr
12:20 Uhr	3:15 Uhr	14:35 Uhr	16:00 Uhr
6:30 Uhr	11:55 Uhr	22:40 Uhr	20:50 Uhr

Zeitpunkt und Zeitdauer

1 Stelle die Uhrzeiten ein und lies ab.

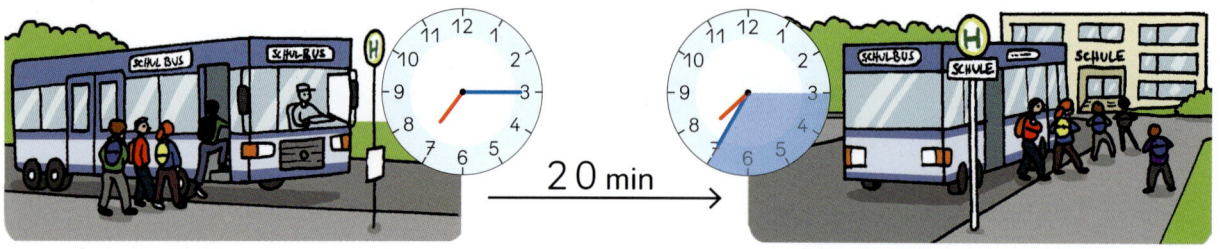

20 min

2 Wie lange dauert es?

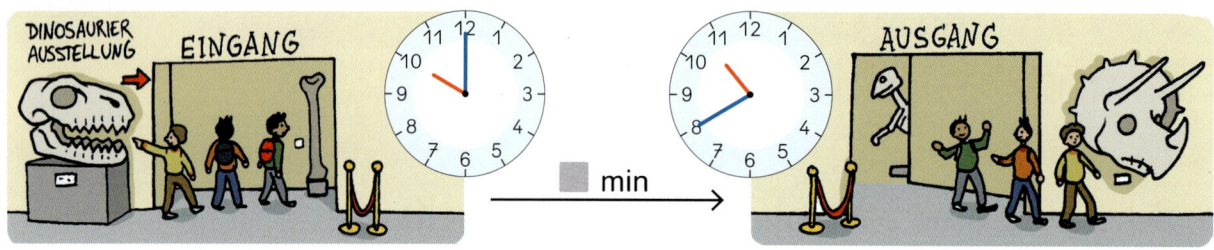

☐ min

3 Wie lange dauert die Fahrt?

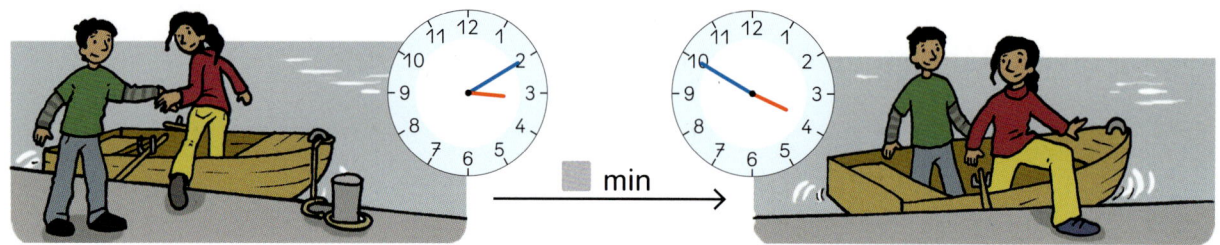

☐ min

Wie viel Zeit ist vergangen?

4

a) ☐ min

b) ☐ min

c) 17:45   18:00   ☐ min

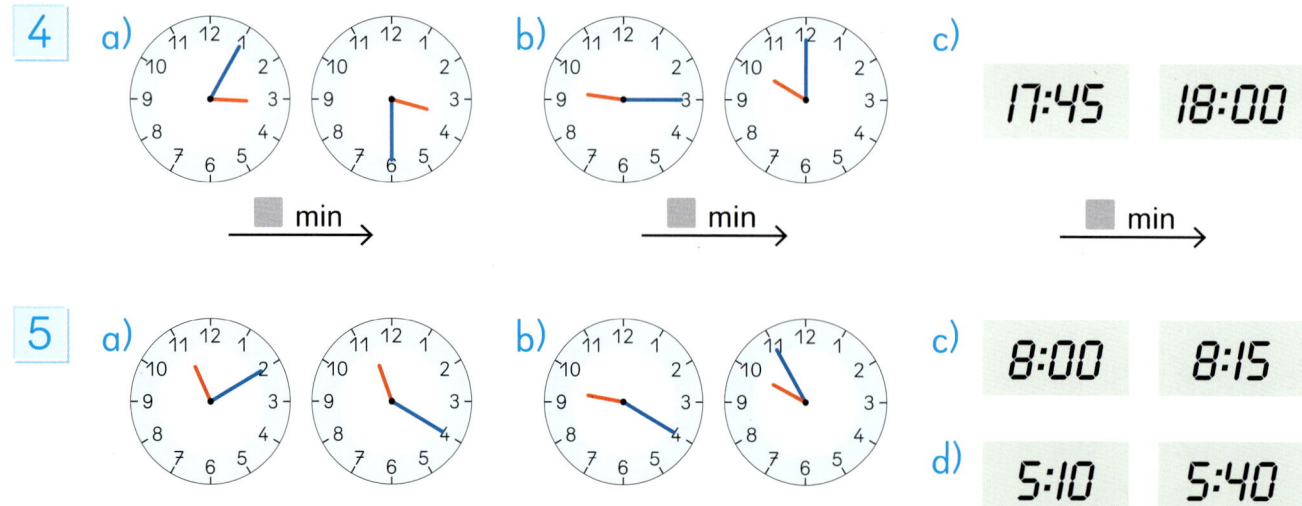

5

a)

b)

c) 8:00   8:15

d) 5:10   5:40

1 Stelle die Uhrzeiten ein und finde die fehlenden Zeitpunkte.
Schreibe in dein Heft.

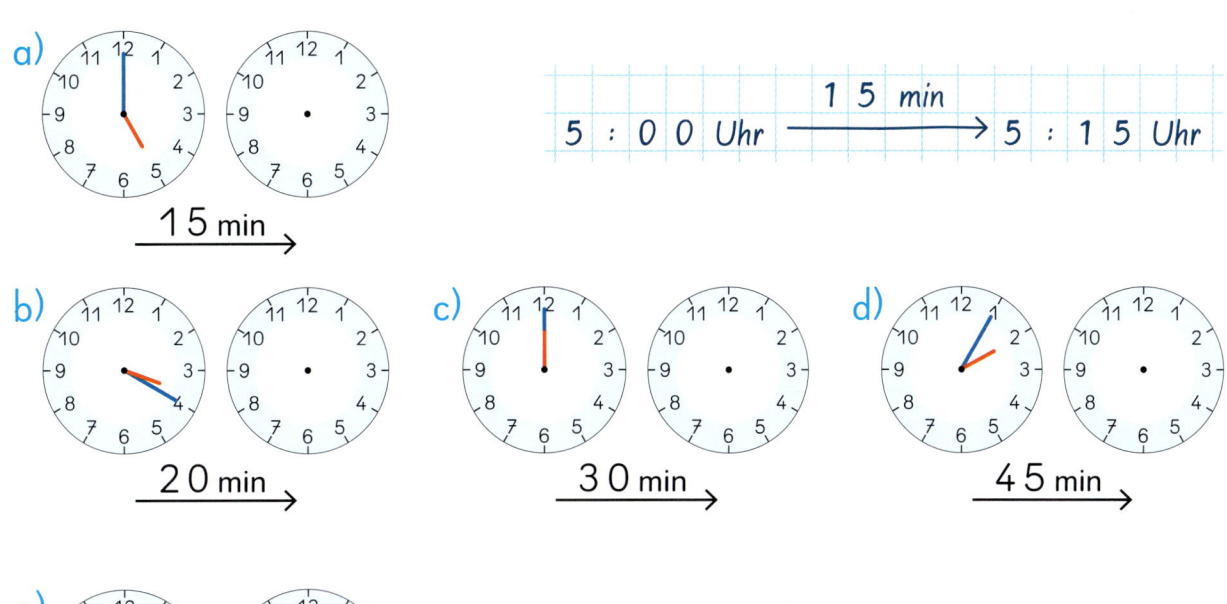

2

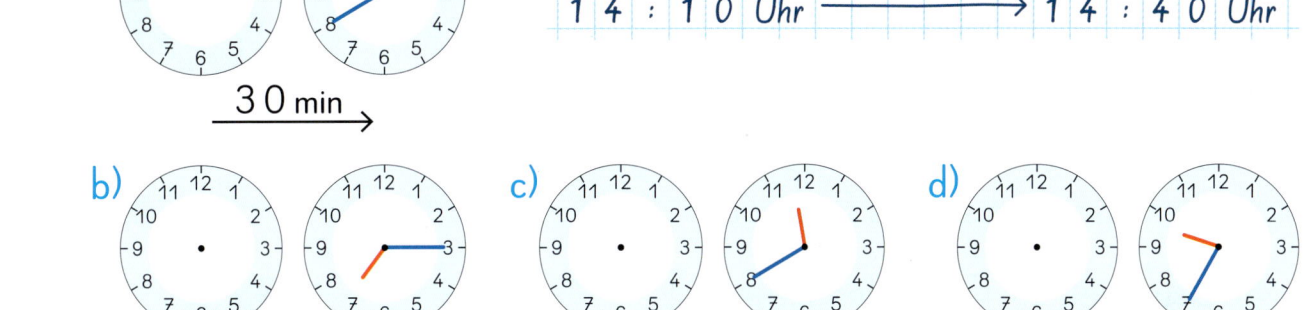

3 Stelle die Uhrzeiten ein und lies ab.

a) Fatima frühstückt
um 6:45 Uhr.
Sie braucht 15 min dazu.
Wann ist sie fertig?

b) Murat braucht
zum Duschen 10 min.
Er ist um 18:45 Uhr fertig.
Wann hat er begonnen?

4 Tim macht eine Radtour. Er fährt um 9:00 Uhr los und ist um 12:00 Uhr
wieder zu Hause. Wie lange war er unterwegs?

5 Ömer und Ali fahren ins Sommerlager in die Berge. Ihr Zug geht um
6:00 Uhr. Sie kommen um 11:40 Uhr an. Wie lange dauerte die Zugfahrt?

1 Erzähle.

Fernsehprogramm aus Kika					
17:05	Tabaluga	ab 8	18:50	logo! *Nachr.*	ab 10
17:30	N. Holgersson	ab 6	19:00	Kika live	ab 8
18:00	pur+ *Magazin*	ab 8	19:15	…	
18:20	QuizExpress	ab 8			

2 Stelle auf der Uhr ein und bestimme die Dauer der Sendungen.

a) Wie lange dauert „Tabaluga"?

$$17:05 \text{ Uhr} \xrightarrow{\ \blacksquare \text{ min}\ } 17:30 \text{ Uhr}$$

b) Wie lange geht
der Trickfilm „Nils Holgersson"?

$$17:30 \text{ Uhr} \xrightarrow{\ \blacksquare \text{ min}\ } 18:00 \text{ Uhr}$$

c) Stelle weitere Zeiten fest.

3 Stelle auf der Uhr ein.

a) Mira telefoniert 35 Minuten.
Um 18:10 Uhr ruft sie ihre Freundin an.
Wann beendet sie das Gespräch?

$$18:10 \text{ Uhr} \xrightarrow{\ 35 \text{ min}\ } \blacksquare \text{ Uhr}$$

b) Lisa spielt am Computer gerne
das Lernspiel „Pippi Langstrumpf".
Sie beginnt um 17:30 Uhr und
beendet das Spiel um 17:55 Uhr.
Wie lange hat sie gespielt?

$$17:30 \text{ Uhr} \xrightarrow{\ \blacksquare \text{ min}\ } 17:55 \text{ Uhr}$$

c) Dennis mag Hörbücher von TKKG.
⭐ Seit einer Stunde und 20 Minuten hört er die CD.
Um 17:00 Uhr hat er angefangen.
Wie spät ist es jetzt?

$$17:00 \text{ Uhr} \xrightarrow{\ 1\text{h } 20 \text{ min}\ } \blacksquare \text{ Uhr}$$

4 Ina und Anna spielen Memory. Sie haben 40 Minuten gespielt.
Jetzt ist es 16:40 Uhr. Wann haben sie mit dem Spiel begonnen?

5 Ole hat heute um 15:15 Uhr einen Temin beim Zahnarzt.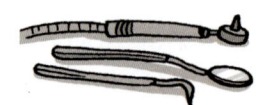
Die Behandlung dauert 20 Minuten. Wann ist er fertig?

Haltestellen Linie 3	Abfahrtszeit			
Schule am Park	14:05 Uhr	14:15	14:25	14:35
Schlossplatz	14:10 Uhr			
Johannisallee	14:20 Uhr			
Marienweg	14:25 Uhr			
S-Bahn	14:40 Uhr			
Bahnhof	14:45 Uhr			

1 Stelle die Uhrzeiten ein und lies ab.

a) Um 14:05 Uhr steigen Ole und Murat in den Bus der Linie 3 ein.
Am Schlossplatz steigen Lena, Mira und Ali dazu.
Alle Kinder steigen am Marienweg aus.

b) Wie lange sind Ole und Murat mit dem Bus unterwegs?

c) Wie lange sind Lena, Mira und Ali mit dem Bus unterwegs?

2 Tim wollte auch mit dem Bus um 14:05 Uhr fahren. Er hat ihn verpasst.

a) Wann kommt der nächste Bus?   b) Wie lange muss er warten?

3 Berechne die weiteren Abfahrtszeiten. Ergänze den Fahrplan.

4 Wie lange hat der Zahnarzt
an diesen Wochentagen Sprechstunde?

a) Dienstag   b) Freitag   c) Samstag

> **Dr. M. Ruf**
> Zahnarzt
>
> Sprechstunde:
> Montag, Dienstag, Donnerstag
> 8:00 bis 13:00 Uhr
> 16:00 bis 19:00 Uhr
>
> Mittwoch und Freitag
> 8:00 bis 12:00 Uhr

5 Wie spät ist es in 2 Stunden? Zeichne eine Tabelle.

a) 6 Uhr   b) 9 Uhr   c) 3:15 Uhr
   1 Uhr   11 Uhr   ★ 7:30 Uhr
   10 Uhr   18 Uhr   5:45 Uhr
   12 Uhr   21 Uhr   12:10 Uhr
   17 Uhr   0 Uhr   17:35 Uhr

jetzt	in 2 Stunden
6 Uhr	8 Uhr

Mit dem Lineal zeichnen und messen

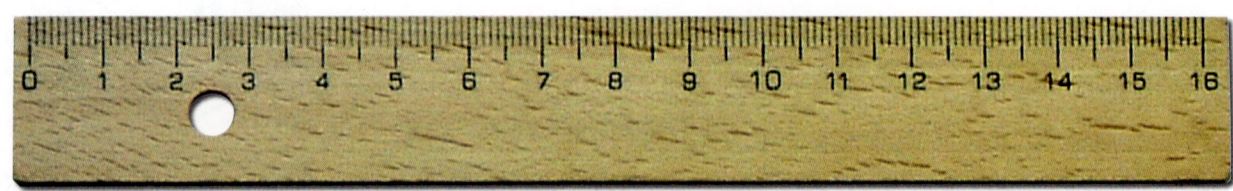

1 a) Sieh dir dieses Lineal genau an und beschreibe es.
Vergleiche es mit deinem Lineal.

b) Messt Dinge aus eurer Federmappe. Kontrolliert die Ergebnisse.

c) Schreibt die Ergebnisse in euer Geoheft.

2 Zeichne in dein Geoheft.

a) gerade Linien

b) Muster und Figuren
aus geraden Linien

3 Messt die Seitenlängen der Formen mit dem Lineal.
Vergleicht eure Ergebnisse.

a)   b)   c)   d)

e)   f)   g)   h)

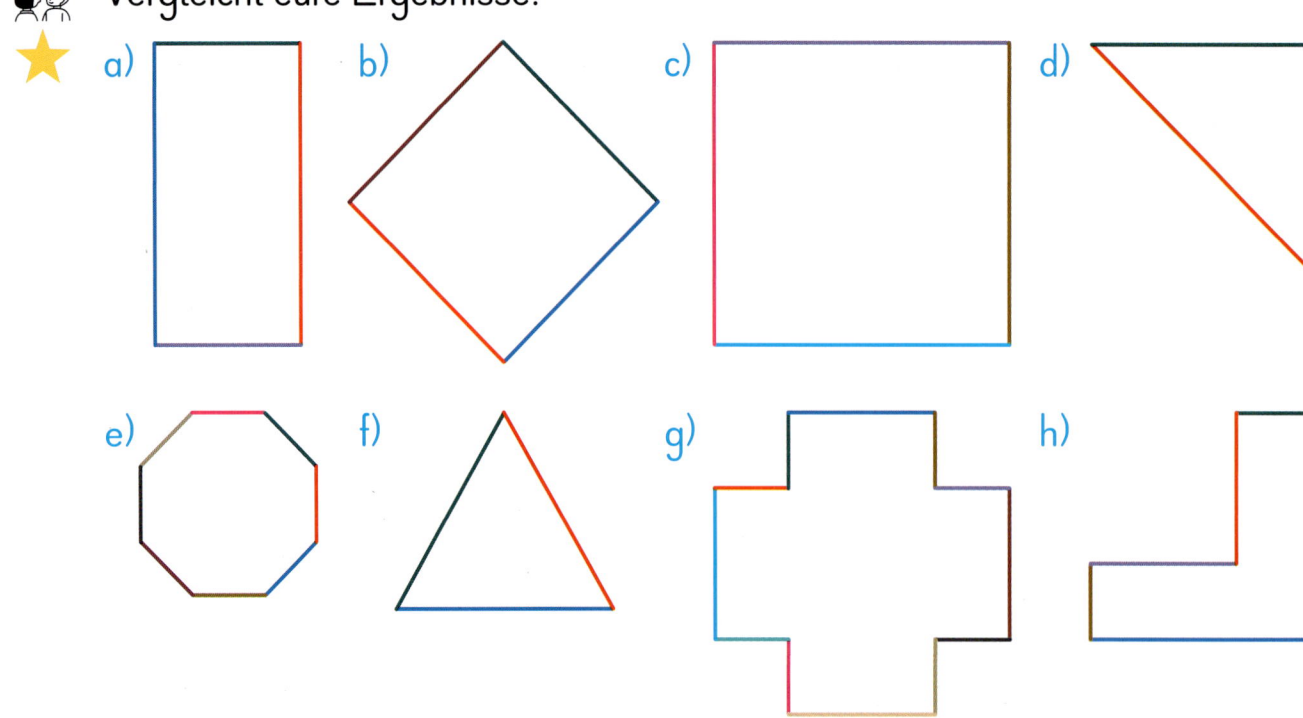

1 Wie lang sind diese Strecken? Miss mit dem Lineal.

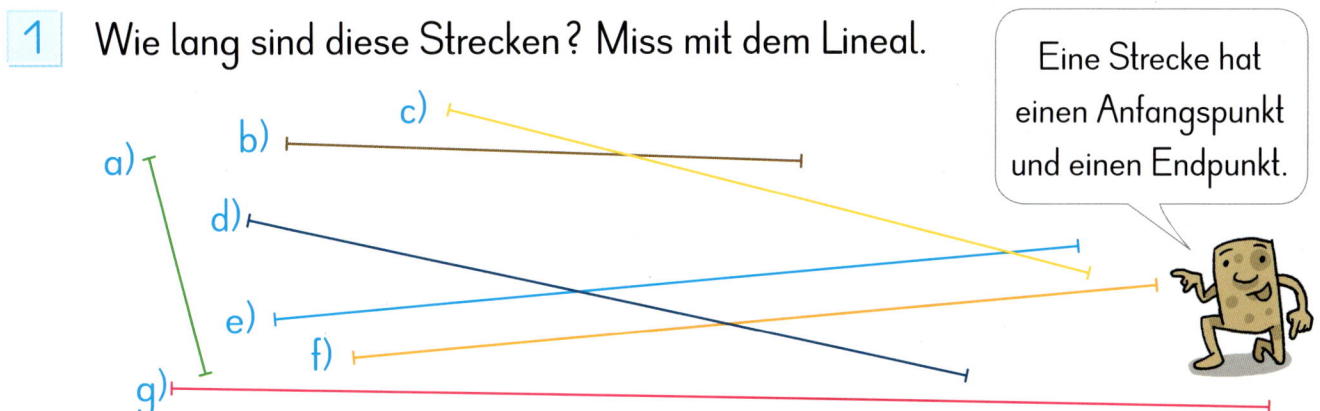

Eine Strecke hat einen Anfangspunkt und einen Endpunkt.

2 Zeichne eine Strecke von 6 cm Länge so in dein Geoheft:

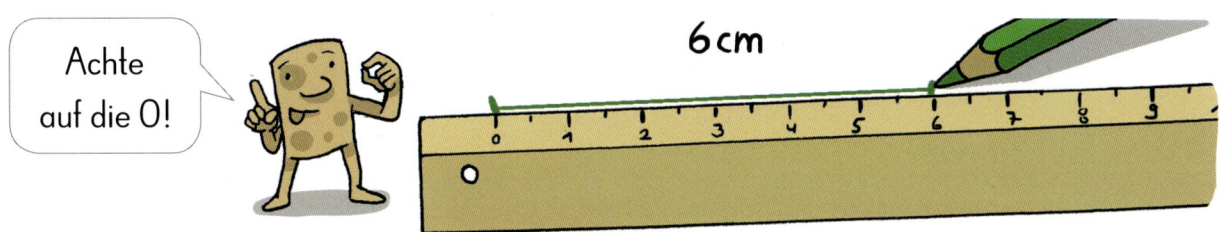

Achte auf die 0!

6 cm

3 a) Zeichne verschiedene Strecken: 3 cm, 10 cm, 7 cm, 5 cm, …
Schreibe die Längen in cm dazu.

b) Tausche mit einem Partner dein Heft. Kontrolliert eure Zeichnungen.

4 a) Zeichne große Quadrate oder Rechtecke auf Kästchenpapier.
Benutze dein Lineal.

b) Zeichne Muster in die Flächen. Benutze wieder dein Lineal.

c) Male die Muster aus.

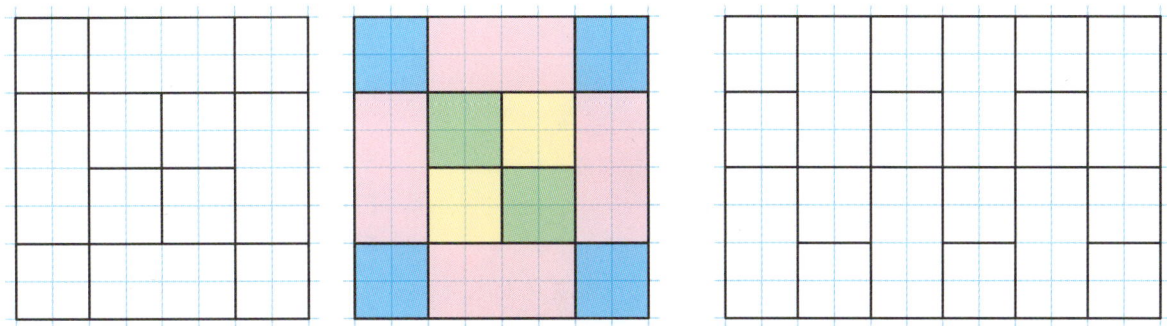

d) Zeichne eigene Muster in Quadrate und Rechtecke.

e) Schneide sie aus und klebe sie ins Geoheft.

Geodreieck

1

Das
Geodreieck
ist Lineal
und Dreieck.

Vergleiche mit
deinem Lineal.

🔍 Was fällt dir auf?

2 Zeichnen

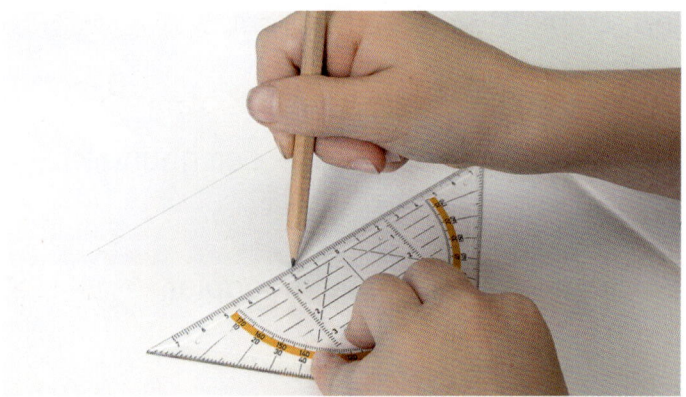

– Halte das Geodreieck mit
  einer Hand in der Mitte fest.
– Halte den Bleistift leicht
  schräg.
– Zeichne immer entlang
  der Linealkante.

3 Gerade Linien mit gleichem Abstand zeichnen

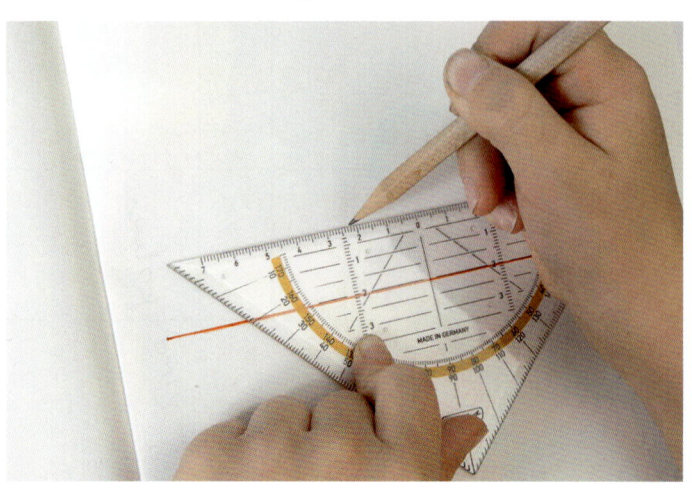

– Zeichne eine gerade Linie.
– Lege das Geodreieck genau
  auf diese Linie, wie du es im
  Bild siehst.
– Drücke das Geodreieck an,
  damit nichts verrutscht.
– Zeichne noch eine Linie.
– Wiederhole das mehrmals.

Falten und schneiden

1 Leporellos

a) Falte einen Papierstreifen
3-mal in der Mitte.

b) Klappe ihn auf und falte Treppen.

c) Zeichne auf und schneide aus.

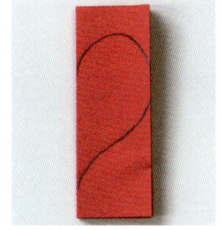  

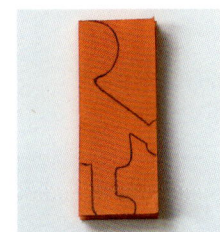  

2 Pop-up-Karte

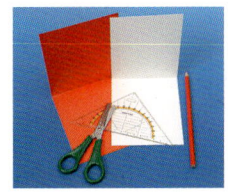 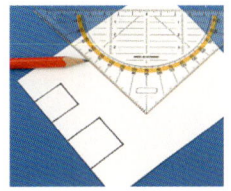   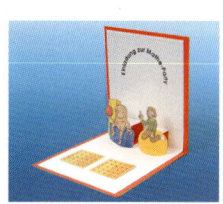

Kreise zeichnen

1 Kreise zeichnen mit Schablonen

2 Kreise zeichnen mit besonderen Hilfsmitteln

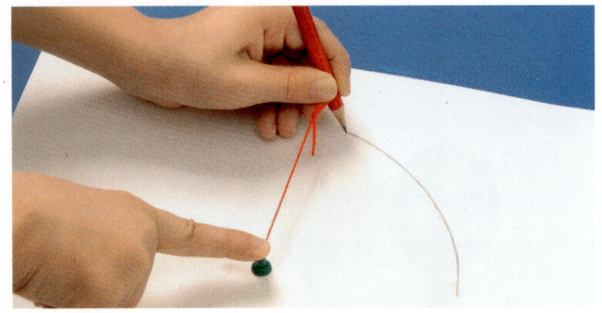 

3 Kreise zeichnen mit dem Zirkel

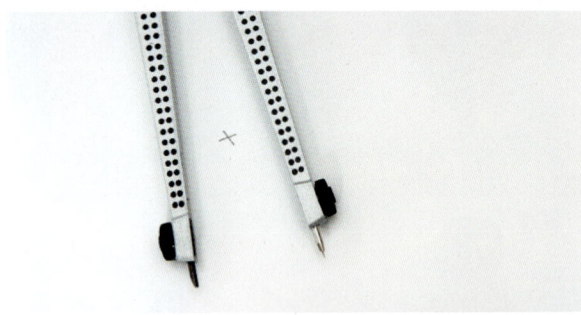 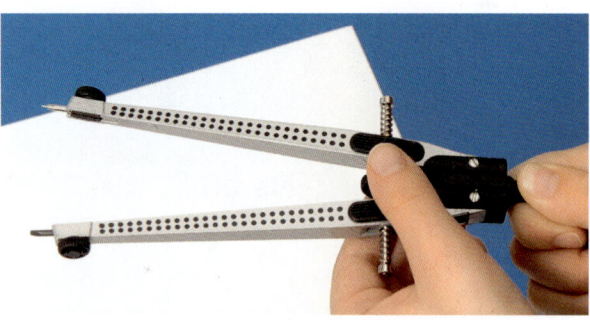

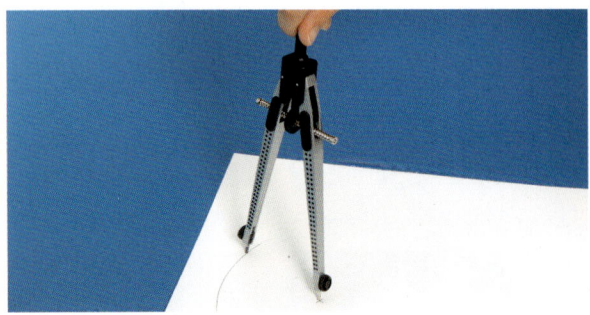 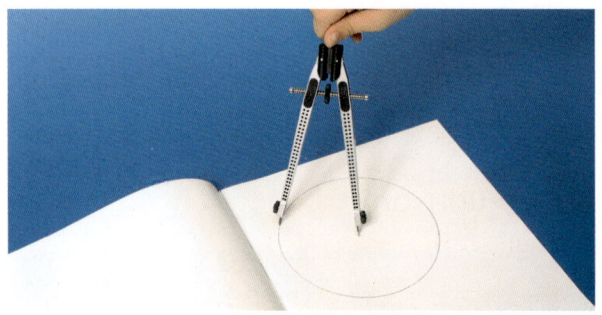

4 Zeichne mit dem Zirkel Kreise in dein Geoheft.

1
 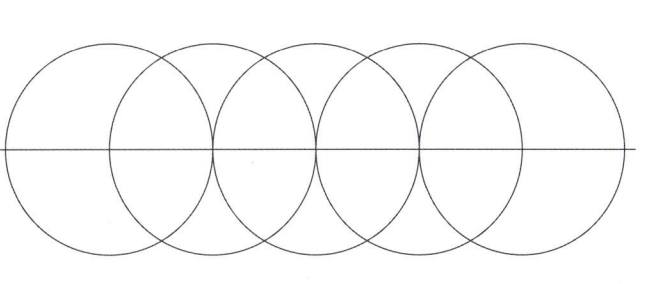 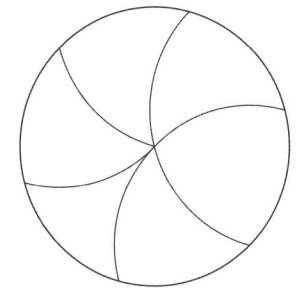

Zeichne Muster aus Kreisen.

2 8er-Kreis

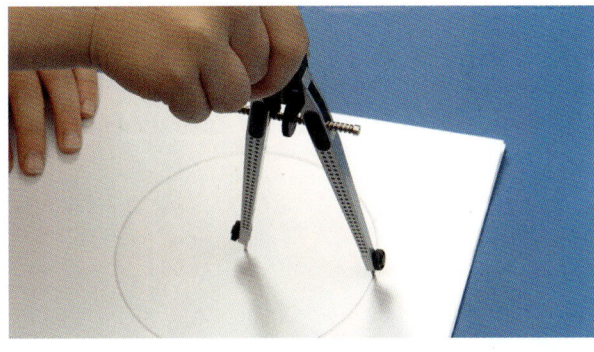 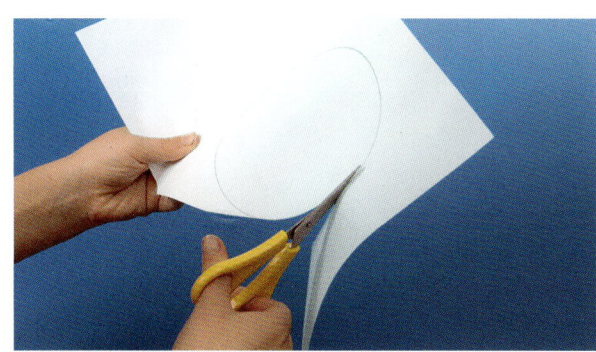

a) Schneide Kreise aus. Falte 8er-Kreise. Klebe sie in dein Geoheft.

b) Zeichne
Formen ein.

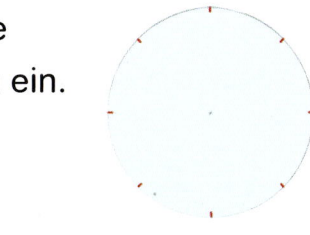 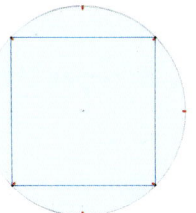 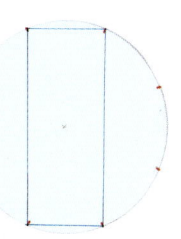 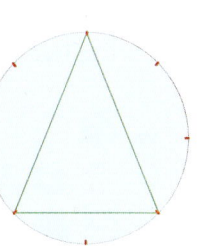

3 Versuche
4er- und 16er-Kreise.
Welche Formen kannst du einzeichnen?

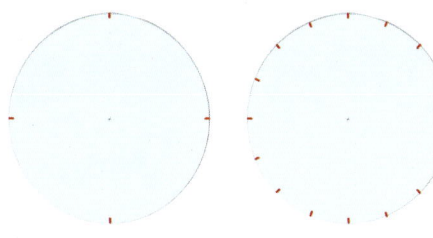

Geometrie-Werkstatt

1 Bänder

Hat Papier zwei Seiten?

Du brauchst lange Papierstreifen.

1. Klebe einen Streifen zu einem Band aneinander. Bemale die beiden Seiten mit zwei verschiedenen Farben.

2. Klebe den nächsten Streifen an den Enden verdreht aneinander. Male das Band wieder an.

   Beginne an einer Stelle und male von dort aus immer weiter. Was passiert?

3. Zeichne eine lange Linie in das ganze Band. Was stellst du fest? Schneide das Band an der Klebestelle wieder auseinander.

4. Arbeite wie bei 3. und schneide das Band auf der Linie auseinander.

👥 5. Experimentiert.

---

2 Kreise

Eine Raupe basteln

1. Zeichne mit dem Zirkel 6 unterschiedlich große Kreise auf Pappe.

2. Der größte Kreis wird der Kopf. Male Augen, Nase und Mund auf.

3. Schneide alle Kreise aus.

4. Sortiere die Kreise der Größe nach.

5. Verbinde die Kreise mit Musterklammern.

---

3 Muster

Blitzblick

1. Lege mit Wendeplättchen ein Muster.

2. Merke es dir.

3. Decke es zu.

4. Zeichne das Muster auswendig auf.

5. Kontrolliere.

👥 6. Lege Muster für einen Partner.

4 | Ringe — Mobile

1. Zeichne mit dem Zirkel drei verschieden große Kreisringe auf Pappe. Sie müssen 2 cm breit sein.

2. Schneide die Kreisringe sorgfältig aus.

3. Verbinde die Kreisringe mit Nähgarn – wie auf dem Foto zu sehen.

4. Hänge das Mobile auf.

5 | Formen — Ein Tangram selbst herstellen

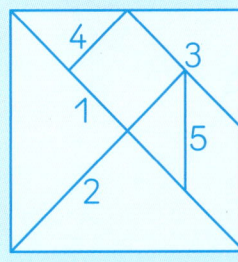

1. Wähle Papier für ein Tangram aus. Welche Form hat es?

2. Falte das Papier.

3. Welche Formen entstehen?

4. Schneide die Formen aus.

5. Lege diese Figuren nach.

 6. Versuche auch diese Figuren.

7. Warum heißt das Tangram auch Siebenschlau?

6 | Muster — Tetris

1. Zeichne aus vier Quadraten Tetris-Formen.

2. Male gleiche Formen in gleicher Farbe an.

3. Schneide sie aus.

4. Lege sie ohne Lücken zusammen.

4 abgeleitet von dem französischen Wort *mobile* = beweglich
5 Tangram: abgeleitet von dem chinesischen Wort *Chihui-pan* = Weisheitsbrett
6 Tetris: abgeleitet von dem griechischen Wort *tetra* = vier

Sachaufgaben lösen

Lisa hat gespart.

Das weiß ich schon:
Lisa hat vier 5-Euro-Scheine gespart.

Das will ich wissen:
Wie viel Geld hat Lisa gespart?

So finde ich das heraus:
$4 \cdot 5€ = 20€$

Das weiß ich jetzt:
Lisa hat 20€ gespart.

1 Lisa möchte Filzstifte und einen Ball kaufen.

Das weiß ich schon:
Lisa möchte Stifte für ▣ € und einen Ball für ▣ € kaufen.

Das will ich wissen:
Wie viel muss Lisa bezahlen?

So finde ich das heraus:
▣ € + ▣ € = ▣ €

Das weiß ich jetzt:
Lisa bezahlt ▣ €.

2 Lisa hatte 20€ gespart. Sie hat für den Ball und die Stifte 17€ bezahlt.

Das weiß ich schon:	Lisa hatte ___ Euro. Sie bezahlte ___ €.
Das will ich wissen:	Wie viel Geld hat Lisa übrig?
So finde ich das heraus:	___ € − ___ € = ___ €
Das weiß ich jetzt:	Lisa hat ___ € übrig.

1 An 3 Tischen sitzen immer 4 Kinder.

> 1. Wie viele Kinder sitzen an 3 Tischen?
>
> 3 · 4 = ▢
>
> An 3 Tischen sitzen ▢ Kinder.

2 Lisa verteilt 28 Kekse gerecht an 4 Kinder.

3 Auf dem Tisch sind 6 rote, 3 blaue, 5 grüne und 4 gelbe Luftballons.

4 6 Kinder teilen sich 18 Luftballons.

5 Für 8 Kinder gibt es 24 Saftpäckchen.

6 Dennis verteilt 36 Gummibärchen gleichmäßig an 4 Kinder.

7 Lisas Vater bezahlt für 9 Bratwürste 18 Euro.
Er bezahlt mit einem 50-Euro-Schein.

8 ⭐ Fatima und Ömer haben zusammen 16 Schokolinsen.
Fatima hat 2 Schokolinsen mehr als Ömer.

9 ⭐ Ali, Murat und Lisa haben zusammen 24 Schokolinsen.
Ali hat eine Schokolinse mehr als Murat.
Lisa hat eine Schokolinse weniger als Murat.

10 Lisa, Tim, Anna und Mira spielen Karten. Wer die meisten Punkte hat, gewinnt.

Lisa   Tim   Anna   Mira

1 Es ist jetzt 14:10 Uhr. Murat und Ole sind auf dem Weg
zu Tims Geburtstagsfeier. Die Feier beginnt um 14:30 Uhr.

Das weiß ich schon:	Es ist 14:10 Uhr. Beginn: 14:30 Uhr
Das will ich wissen:	Wie viel Zeit haben sie noch?
So finde ich das heraus:	⬛ Uhr $\xrightarrow{\text{⬛ min}}$ ⬛ Uhr
Das weiß ich jetzt:	Murat und Ole haben noch ⬛ Minuten Zeit.

2 ★ Zur Feier hat Tim 4 Freunde eingeladen.
Er deckt den Geburtstagstisch für 7 Kinder.
Wie viele Geschwister hat Tim?

3 Für 16:30 Uhr haben Tims Eltern eine Kegelbahn gebucht. Der Bus
fährt um 16:15 Uhr. Bis zur Bushaltestelle brauchen sie 10 Minuten.

4 In dieser Woche gibt es im
Sportzentrum folgendes Angebot:

Tim gibt der Frau an der Kasse 20 Euro
und bekommt 8 Euro wieder.

2 STUNDEN SPIELEN
1 STUNDE BEZAHLEN

5 Nach 5 Spielrunden ergibt sich folgender Punktestand:

Runde	1	2	3	4	5	6
Tim	3	5	7	–	8	
Ole	7	–	–	4	3	
Murat	1	–	4	6	7	
Ali	5	5	5	–	5	
Paul	4	8	2	6	5	

a) Ermittle den Gewinner.

b) Wie groß ist der Punkteabstand
zwischen dem 2. und dem 3. Platz?

c) ★ Ändert sich an der Platzverteilung etwas,
wenn es eine 6. Runde gibt, in der Tim
3 Kegel trifft, Ali 8 Kegel und die anderen
weniger als 2 Kegel?

6 Heute ist der 9. Oktober. Murat hat am 23. Oktober Geburtstag.
Wie viele Wochen sind es noch bis dahin?

1   3 Geschwister erhalten von Oma 15 Euro.
    Sie sollen gerecht teilen.

2   Ina, Paul, Ole und Tim gehen ins Kino. Zusammen bezahlen sie 24 Euro.

3   Lena und Fatima stehen im Supermarkt an verschiedenen Kassen.
    Lena wartet 6 Minuten. Fatima wartet nur die Hälfte der Zeit.

4   In einer Klasse sind 16 Kinder. Für einen Spielnachmittag
    teilt Frau Lehmann die Kinder in unterschiedliche Gruppen ein.

    a) Zweiergruppen

    b) vier gleich große Gruppen

    c) Gruppen mit je acht Spielern

5   In der Klasse sind 14 Kinder, davon 6 Mädchen.
    10 Kinder spielen am Nachmittag gern Fußball.
    Die Hälfte der restlichen Kinder geht montags zum Schwimmen.

6   Ole und Tim sind auf dem Rummelplatz. Tim hat 8 Euro mit.
    Ole hat doppelt so viel Geld.

7   Anna, Lena, Paul, Ole, Tim, Ali und Ina wollen ins Freibad.
    Der Eintritt kostet für Schüler 3 Euro.
    Anna hat noch einen Gutschein über 20 Euro.

8   Es ist jetzt 16:30 Uhr. Paul und Ali sind auf dem Weg zum Fußballplatz.
    Das Spiel der Mannschaft beginnt um 17:00 Uhr.

9 ⭐   Bei der Fahrradprüfung fahren 13 Kinder mit ihrem eigenen Rad.
    3 Kinder fahren mit einem Rad der Verkehrspolizei.
    Die Hälfte der Gruppe sind Jungen.

Projekt „Wir planen ein Schulfest – Alles rollt"

1 Erzähle.

2 Plant ein Fest
unter dem Motto „Alles rollt".

   a) Überlegt, welche Stationen
ihr anbieten könnt.

   b) Zeichnet eine Skizze von
eurem Schulhof mit den
gewünschten Stationen.

3 Um 9:45 Uhr soll euer Fest beginnen.
Wann müsst ihr die Stationen aufbauen, wenn ihr dafür 30 min braucht?

4 Eure Hindernisstrecke für Radfahrer ist 20 m lang. Die Stäbe stehen in
einem Abstand von 4 m.

5 ⭐ Für das Abmessen einer 25 m langen Strecke für das Rollerrennen habt ihr
ein 10 m langes Bandmaß. Wie messt ihr?

6 Gestaltet eine Murmelbahn mit verschiedenen Zieltunneln.
Nutzt dazu leere Bananenkisten.
Überlegt euch, wie ihr die Punkte vergeben möchtet.
Fertigt Ideenskizzen an und erstellt eine Trefferliste.

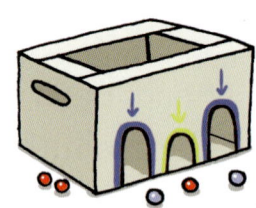

7 Für eine Rollbrett-Hindernisstrecke habt ihr 8 Hütchen.
Sie sollen im Abstand von 2 m stehen.

8 Um 12:00 Uhr gibt es Mittagessen.

   ⭐ **a)** Für den Abbau der Stationen
benötigt ihr 15 min.

   b) Wie lange hat
euer Fest gedauert?

Projekt „Holzwerkstatt"

1 Erzähle.

2 Stellt im Unterricht ein Memoryspiel aus dünnen Holzleisten her.

   a) Überlegt euch, ob ihr ein Tiermemory, ein Mathememory oder ein ganz anderes Memory herstellen möchtet. Erstellt eine Strichliste.

   b) Überlegt euch, wie viele Teile ihr für euer Spiel zusägen müsst.

   c) Erabeitet gemeinsam, welche Materialien ihr benötigt und erstellt eine Liste.

   d) Erkundigt euch im Baumarkt, wie teuer 5 cm breite Holzleisten sind und in welcher Länge ihr sie kaufen könnt.

3 ⭐ Für ein Memoryspiel zu den Malfolgen könnt ihr die 5 cm breiten Holzleisten benutzen. Die Memoryteile sollen quadratisch werden. Wie viele 1 m lange Holzleisten müsst ihr kaufen, wenn euer Spiel

   a) aus 50 Teilen,   b) aus 40 Teilen,   c) aus 32 Teilen bestehen soll?

4 Nach dem Herstellen eures Memorys sind verschiedene Holzreste übrig. Überlegt, welche geometrischen Formen ihr daraus zusägen könnt.

   a) Gestaltet die Holzteile farbig und legt damit verschiedene Bilder.

   b) Messt die Holzteile und zeichnet die Formen in euer Geoheft.

Projekt „Schwimmbad"

1 Erzähle.

Südschwimmbad

Preise

Erwachsene:	Einzelkarte 2 Stunden	3,50 €
	Einzelkarte 4 Stunden	6,00 €
	Tageskarte	8,00 €
Kinder:	Einzelkarte 2 Stunden	2,50 €
	Einzelkarte 4 Stunden	4,00 €
	Tageskarte	6,00 €

Ermäßigte Tageskarten

Gruppen (ab 8 Personen)
| Erwachsene: | 7,00 € pro Person |
| Kinder: | 5,00 € pro Person |

Familienkarte: 25,00 €

10er-Karte
| Erwachsene: | 65,00 € |
| Kinder: | 45,00 € |

2 Paul geht mit seiner Mutter und seiner Schwester ins Schwimmbad.
Sie wollen 4 Stunden bleiben.

a) Wie viel müssen sie bezahlen?

b) Pauls Mutter bezahlt mit einem 20-€-Schein. Wie viel bekommt sie zurück?

c) Sie sind um 14 Uhr im Schwimmbad. Wann müssen sie gehen?

3 Fatima geht 10-mal im Jahr zum Schwimmen.

a) Wie viel muss sie bezahlen, wenn sie jedes Mal eine Tageskarte kauft?

b) Wie viel spart sie, wenn sie sich eine 10er-Karte kauft?

4 Plant mit eurer Klasse einen Ausflug ins Schwimmbad.

a) Was müsst ihr mitnehmen? Schreibt eine Liste.

b) Wie lange möchtet ihr schwimmen?

c) Informiert euch in eurem Schwimmbad über die Eintrittspreise.

d) Wie viel kostet euer Ausflug insgesamt?

e) Wie viel kostet der Ausflug für jedes Kind in eurer Klasse?

5 Vergleicht die Preise eures Schwimmbads mit denen des Südschwimmbads.
Wo ist der Ausflug teurer?

Projekt „Unsere Klasse in Zahlen"

Name: _____	
_____	
Geburtstag: _____	
Alter: _____	

Adresse: _____
_____
Telefonnummer: _____
Größe: _____
Gewicht: _____
Schuhgröße: _____
Geschwister: _____
Brüder: _____
Schwestern: _____
Augenfarbe: _____

1 Füllt Zahlenblätter für eure Klasse aus.

2 a) Wer ist am größten?

b) Wer ist am kleinsten?

3 a) Wer hat die meisten Geschwister?

b) Wer hat die wenigsten Geschwister?

c) Wer hat die meisten Brüder?

d) Wer hat die meisten Schwestern?

e) Wie viele Geschwister habt ihr alle zusammen?

4 a) Wer hat im März Geburtstag?

b) Wer ist am jüngsten?

c) Wer ist am ältesten?

d) In welchem Monat haben die meisten Kinder Geburtstag?

5 a) Wer hat die kleinsten Füße?

b) Wer hat die größten Füße?

c) Mit wem kannst du die Schuhe tauschen?

6 a) Wer hat die längste Telefonnummer?

b) Wer hat die kürzeste Telefonnummer?

c) Rechne die Zahlen deiner Telefonnummer zusammen.
Wer hat die höchste Zahl?

Projekt „Wandertag"

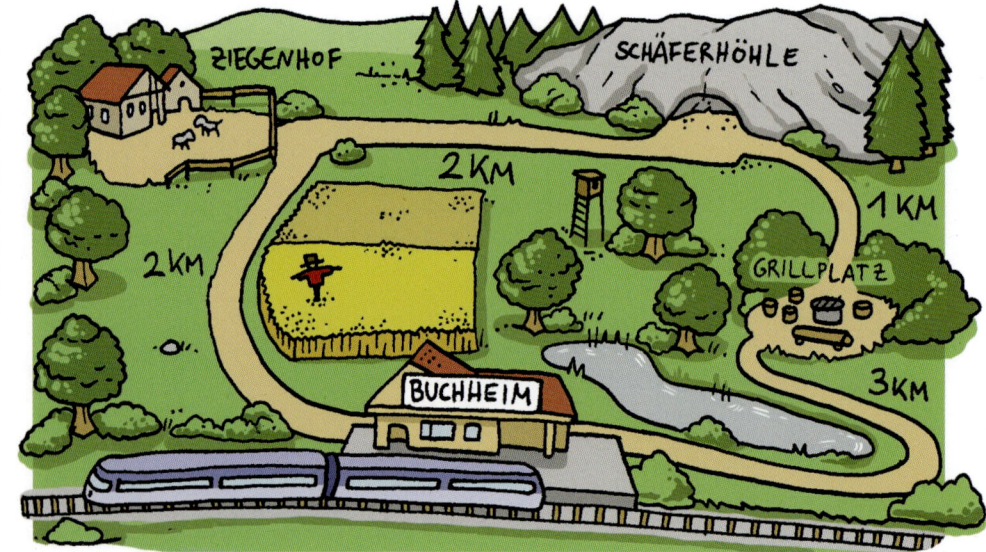

1 Erzähle.

2 Die Klasse macht einen Wandertag. Die Kinder gehen von Buchheim aus den Rundwanderweg über den Ziegenhof zur Schäferhöhle. Danach machen sie am Grillplatz eine Pause. Dann wandern sie zurück nach Buchheim.

   a) Wie viele Kilometer wandert die Klasse?

   b) Die Kinder wandern 4 km in einer Stunde. Wie lange wandern sie?

   c) Die Kinder besichtigen eine halbe Stunde die Schäferhöhle und bleiben eine Stunde auf dem Grillplatz. Wie lange sind sie unterwegs?

   d) Die Kinder gehen um 8:30 Uhr in Buchheim los.
      Wann sind sie wieder zurück?

3 In Annas Klasse sind 10 Kinder. Sie wandern zusammen mit 2 Lehrern.

   a) Wie viel kostet die Höhlenbesichtigung für alle Kinder?

   b) Annas Lehrer bezahlt die Eintrittskarten für alle und kauft noch eine Wanderkarte. Wie viel Geld muss er bezahlen?

   c) 4 Kinder kaufen sich ein Postkartenset und die Hälfte der Klasse kauft sich ein Getränk. Wie viel Geld gibt die Klasse am Kiosk aus?

4 Plant einen Wandertag für eure Klasse.